U0540763

一个出版人的情与思

陈有和 著

人民东方出版传媒
People's Oriental Publishing & Media
东方出版社
The Oriental Press

前 言

2021年7月,是中国共产党的百年华诞,在举国欢庆的日子里,也迎来了人民出版社建社一百周年的庆典。

人民出版社是党和国家的重要出版机构。1921年,在中国共产党的第一次代表大会结束不久,作为党中央临时领导机构中央局成员之一、负责宣传工作的李达同志就根据大会的决议,在上海南成都路辅德里625号(现老成都北路七弄30号)自己家里秘密开始人民出版社的编辑出版事宜。9月,在由陈独秀主持出版的《新青年》杂志第九卷第五号上公开发布了"人民出版社通告",宣称:"近年来新主义新学说盛行,研究的人渐渐多了,本社同人为供给此项要求起见,特刊行各种重要书籍,以资同志诸君之研究。本社出版品的性质,在指示新潮底趋向,测定潮势底迟速,一面为信仰不坚者祛除根本上的疑惑,一面和海内外同志图谋精神上的团结。各书或编或译,都经严加选择,内容务求确实,文章务求畅达。这一点同人相信必能满足读者底要求,特在这里慎重声明。"

人民出版社的高调出现,掀起了我们党历史上第一个出版马克思主义著作的高潮,同时,也第一次向世人暗示,"人民出版社"是一个不同寻常的出版机构。"人民"的前冠,明确表达了中国共产党人的"初心",中国共产党是"人民"的党,是为中国"人民"谋幸福、为中华民族谋复兴的党,"人民"的利益就是党的最高利益。

党的二大后,人民出版社的编辑出版工作转到广州与新青年社合并,后因环境和革命形势的变化,返回上海改称上海书店,到汉口设立长江书局,又返回上海设无产阶级书店,改华兴书局、中国出版社,抗战时期的《新华日报》馆、北方人民出版社,延安的解放社、新华书店,直至新中国成立后,1950年人民出版社作为党和国家的重要出版机构正式公开挂牌,其间变换了许多不同的名称,那是因为环境所迫,对敌斗争的需要!在那白色恐怖的艰难环境里,共产党人冒着生命危险和资金的匮乏,面对反动派的搜捕与屡屡破坏,想尽各种办法始终坚守着自己的理想信念与阵地,"出杂志、党的刊物,出来就被封了,改出小报又被查封。后来就改地址,刊物出来,知道了,已经搬了家。那都是打游击的方法,没有连续性,影响是有的。""30年代问题首先要看当时的时代背景:军事'围剿'和文化'围剿',……出版工作的主流是同国民党反动派作斗争。"[1] 这样我们就好理解我们党为什么没能用"人民出版社"这块响亮的品牌一直坚持到夺取全国的最后胜利。虽然从表面形式上看,党的一大后创建的人民出版社与新中国成立后成立的人民出版社在时间的链条上断开了,但

---

[1] 《胡愈之、黄洛峰、华应申谈三联书店历史》,载《中国出版史料(现代部分)》第一卷下册,山东教育出版社、湖北教育出版社2001年4月版,第90、91页。

作为党赋予人民出版社宣传马克思主义、宣传我们党的主张、方针任务，在这一特殊的时期里并没有断线，党的出版阵地并没有丢，只是需要经常做一些战略和战术上的调整与转移。即使是在非常艰难的条件下，在广州、在武汉、在重庆、在保定、在北平、在延安，我们的党、我们的革命出版人依然思念着"人民出版社"这个品牌，不时地用这个品牌出版革命书籍来激励共产党人和进步人士，鼓舞全国人民去夺取胜利。正如丁珉对北方人民出版社回忆评价说："这个出版社后于广州的人民出版社十年，其传统的精神与实质，是连续的、一贯的。"①

我是1972年调到人民出版社的，做过校对、干过编辑，先后担任过编辑室、总编室、人事处、经营管理部的负责人，1998年进入社领导班子。分管过编辑、出版、发行、财务、期刊、社办公司、人力资源、行政、党团工会社团等，几十年里可以说出版社的所有岗位都留下过我的足迹。2011年退休后，又在人民东方出版传媒有限公司即人民出版社的直属子公司东方出版社帮忙审读稿件至今，近半个世纪的人民出版社工作经历，将我与人民出版社融为了一体。

我参加工作超过了50年，党龄50年，到人民出版社工作也已接近50年。我大学是学历史的，在人民出版社从事过多年历史学著作的编辑与出版，也发表出版过不少史学论文和著作，弄清人民出版社的历史是我多年的夙愿。所以，对于人民出版社历

---

① 丁珉：《忆北方人民出版社》，载《中国现代出版史料·乙编》，中华书局1955年5月版，第18页。

史的史料搜集、甄别和研究，也特别予以注意，陆续发表了一些研究性的学术文章。为纪念人民出版社百年，也是对我们党的百年致敬，我将这些文章结集为这本小册子，集中收录了我对人民出版社历史多年的探索和作为"人民"人的责任与担当。

全书共分为三个部分：

第一部分是对历史的探索。

收录了我多年来对人民出版社在革命战争年代历史线索的寻觅。关于人民出版社的历史研究，之前虽有学者和前辈写过几篇文章，但仅限于1921年在上海成立时的那一段，而之后的历史再无人去系统研究。

《如何看待人民出版社的建社历史》一文，最早刊登在上海《出版博物馆》内刊上，后作为建党九十周年纪念文章正式发表于《北京党史》杂志，并改名为《与党同行的人民出版社》，这应该是在新闻出版领域第一次系统并完整清楚地描述人民出版社从1921年建立到新中国成立止的这一段历史。文章明确提出了"1921年中国共产党在上海建立的人民出版社，与新中国成立后的人民出版社是一脉相承的"观点。

《关于人民出版社建社历史的再探讨》则对关于人民出版社的成立、人民出版社的成立时间、李达离开后人民出版社是否停办了、关于长江书店及华兴书局、关于北方人民出版社的问题、中央苏区为什么没有人民出版社、1950年的人民出版社是"成立"还是"重建"等历史上的关键问题作了深入的探索。

《中共二大与人民出版社》更是对一些历史的细节予以阐述：

李达创建了人民出版社，至"通告"发布时已有 10 种图书付印；出版社当时分为两部分：编辑部在上海是秘密的，发行部在广州是公开的；出版社实际出书 22 种，今天能看到的当年版本有 14 种 16 册；李达二大的不愉快，直接导致人民出版社工作的停滞。该文作为优秀论文入选参加了 2012 年 7 月召开的"纪念中共二大召开九十周年学术研讨会"。

《建党初期的马克思主义图书出版高潮》是刚完成的一篇新作。回忆了我党建党初期的马克思主义图书出版高潮，对充分了解中国共产党人的初心，了解革命先辈在艰难困苦的环境中如何砥砺前行，了解早期的人民出版社实际的工作情形、出版状况都是十分有益的。只有充分学习党的历史、了解党的历史，才能在新的形势下，不忘初心、牢记使命，为实现中华民族伟大复兴的中国梦，顽强拼搏、奋勇前进。

以上四篇文章，较好地再现了人民出版社是党创办的出版社，前辈们在艰苦的革命战争年代与我们的党一起传播马克思主义，践行为人民谋幸福的初心。同时对党的出版史上的一些重大问题予以探索与阐述，使读者清楚地了解人民出版社的产生、它的性质和所肩负的任务；人民出版社与党同行，它的历史是我们党的出版史的重要核心内容，也是中国共产党历史的重要组成部分。

在中国共产党成立一百周年，以及党创建的第一个出版社——人民出版社建社一百周年"双百"纪念到来之际，我们不应忘记曾经为我们党的早期出版发行事业作出过开创性贡献的苏新甫先生。《中共出版发行工作的先驱者——苏新甫》全面介绍了苏新甫先生丢下了钱庄的优裕生活,甘冒风险,没有任何条件地追随陈独秀参加了革命,为《新青年》,为人民出版社以及众多的党的出版物、宣传品的发行殚精竭虑,倾其一生。他是新青年社的总经理,是人民出版社的发行总代理,《新青年》停刊后,又担任了广州平民书社、汉口长江书店的发行负责人。他是主管我们党的出版发行工作最早的人,虽不是共产党员,却发挥了比一般共产党人更重要的作用。

第二部分是释疑解惑。有一些同志认为1921年在上海建立的人民出版社与1950年在北京建立的人民出版社没有关联。为此,对当年人民出版社纪念建社九十周年提出异议。

《人民出版社历史大事记(1921—1950)》就是在此背景下产生的。我用简略的文字,以大事记的形式,将人民出版社前三十年的历史,第一次全面、系统地呈现在人们面前,这是一段在党中央直接领导下的人民出版社革命发展史、出版人不忘初心的斗争史、牢记使命与党同行的奋斗史。

《人民出版社历史问与答》是回答少数同志对人民出版社建社九十周年纪念的质疑,明确1921年党在上海建立的"人民出版社"就是今天的人民出版社前身,用史实说话,消除思想顾虑。人民出版社是党和国家的重要出版机构,是党的思想宣传战线的重要组成部分,要坚定做好党的出版工作的信心。

第三部分是理想信念的自信与自觉。

人民出版社的工作,一直受到党中央的重视和关怀。我们要继承光荣传统,不忘初心,牢记使命,为大局服务,为人民出好书。

《毛泽东与人民出版社》一文,是本人在深入研究人民出版社建社历史的过程中,将翻检旧资料时偶得的几则有关毛泽东与人民出版社的趣闻逸事整理而成的。与广大读者共享,既是对开国领袖毛泽东同志,同时也是对老一辈出版工作者的怀念。

《坚定理想信念,提高文化自觉和文化自信》,随着文化体制的改革,近几年不少地方人民出版社悄然把自己使用了几十年的标准体社名改了,过去使用的都是毛泽东主席题写的标准字前加宋体各地区名,现却将整体文字改成了黑体或宋体字。出版社要走市场化的道路,但不应把自己的意识形态阵地的色彩也淡化了!人民出版社是国家政治书籍出版社。各省区人民出版社也是各省区出版行业的首要机构。"人民出版社"寓意中国共产党的一切奋斗,归根到底都是为了人民,出版社的根本宗旨就是全心全意为人民服务,传播新思想、宣传新主义、增进民族大团结,勇敢担当起带领人民创造幸福生活、实现中华民族伟大复兴的历史使命。

《为人民出好书》是自己当年学习《江泽民文选》时的一篇体会。一切为了人民,一切依靠人民,是马克思主义政党最鲜明的政治立场。实现人民愿望,满足人民需要,维护人民利益,是"三个代表"重要思想的根本出发点和落脚点。尊重人民实践、从人民的伟大创造中汲取思想营养并上升为理论,是我们党进行理论创新的不竭源泉。人民出版社是党和国家的政治书籍出版社,几十年来为发展社会主义先进文化作出了重要的贡献。在新的形势下，更要严格地要求自己，自觉地、主动地从人民的利益出发，为广大读者、为全国的干部群众提供更多、更好的精神食粮。人民出版社要"为人民出好书"，已经逐步成为"人民"人的理念。

《党章改版记》回顾了历届党的代表大会对党章的修改与出版。1949年新中国成立后，作为党的根本大法，党章一共经历了12次的修订及改版，连同八大召开前使用的七大党章一版算上，人民出版社至今已出版了13个版本。但从外观上来讲，数量最大的袖珍版，外观材料的重大的改变只发生了两次：一次是1969年的九大，一次是2007年的十七大。文章详细记录了2007年党的十七大召开前夕，当时冒着政治上的风险，力主对"文化大革命"时期常用的红色塑皮袖珍软精本党章改版的全过程。

《领导的责任意识和图书的质量保证》是一篇论文。阐述了图书质量与出版社领导的责任意识的直接关系，领导的重视与否直接影响到图书的质量。作为一个人民出版社的领导，更应该严肃地意识到自己身上肩负的这一社会责任。编辑队伍的素质直接影响到图书的质量，而编辑队伍素质的提高又直接与出版社的领导素质有关。抓质量管理首先要抓领导的责任意识，只有领导重视了，管理措施跟上了，抓质量才能成为广大员工的自觉行动。

书稿所辑文章，大多数都已在报纸杂志上公开发表。总体篇幅虽然不多，但始终围绕着一个主线，即人民出版社是党和国家的重要出版机构；"人民"人要摆正自己的位置，决不辜负党和人民的期望。文章当年发表时在业界产生了一定影响，这次"双百"之际结集出版，除纠正了原稿文字中发现的个别错误与不当之外，基本上保持了作品的原貌。

习近平总书记指出，我们党的一百年，是矢志践行初心使命的一百年，是筚路蓝缕奠基立业的一百年，是创造辉煌开辟未来的一百年。回望过往的奋斗路，眺望前方的奋进路，必须把党的历史学习好、总结好，把党的成功经验传承好、发扬好。[①]今天，全党正在开展党史学习教育，正是要用党的奋斗历程和伟大成就鼓舞斗志、明确方向，用党的光荣传统和优良作风坚定信念、凝聚力量，用党的实践创造和历史经验启迪智慧、砥砺品格。

我真诚地希望，这本小册子能让广大读者清楚地了解人民出版社与党同行的百年创业史、我们党的出版工作者的艰苦奋斗史，以及作为一个人民出版社出版人的责任担当。作为年轻一代的出版人应更好地传承"人民"精神，热爱自己的本职工作，进一步激励自己不忘初心、牢记使命，以永不懈怠的精神状态和一往无前的奋斗姿态，为实现中华民族伟大复兴的中国梦增添正能量、再作新贡献。

2021 年 3 月 15 日

[①] 习近平 2021 年 2 月 20 日在京出席党史学习教育动员大会上的重要讲话。见《人民日报》2021 年 2 月 21 日 01 版。

目 录 CONTENTS

如何看待人民出版社的建社历史　　001
关于人民出版社建社历史的再探讨　　033
中共二大与人民出版社　　055
建党初期的马克思主义图书出版高潮　　069
中共出版发行工作的先驱者——苏新甫　　087

人民出版社历史大事记（1921—1950）　　121
人民出版社社史问与答　　158

毛泽东与人民出版社　　183
坚定理想信念，提高文化自觉和文化自信　　193
为人民出好书——学习《江泽民文选》的体会　　197
党章改版记　　201
领导的责任意识和图书的质量保证　　221
薪火相传守初心，接续奋斗书新篇　　229

后　记　　233
又　记　　235
再　记　　237

人民出版社通告

近年來共產主義新學說盛行，研究的人漸漸多了，本社同人為供給此項要求起見，特刊行各種重要書籍，以資同志諸君之研究。

本社出版品的性質，在指示新潮底趨向，測定潮勢底遲速，一面為信仰不堅者社除根本上的疑惑，一面和海內外同志圖謀精神上的團結。各書或編或譯，都經嚴加選擇，內容務求確實，文章務求暢達，這一點同人相信必能滿足讀者底要求，特在這裏慎重聲明。

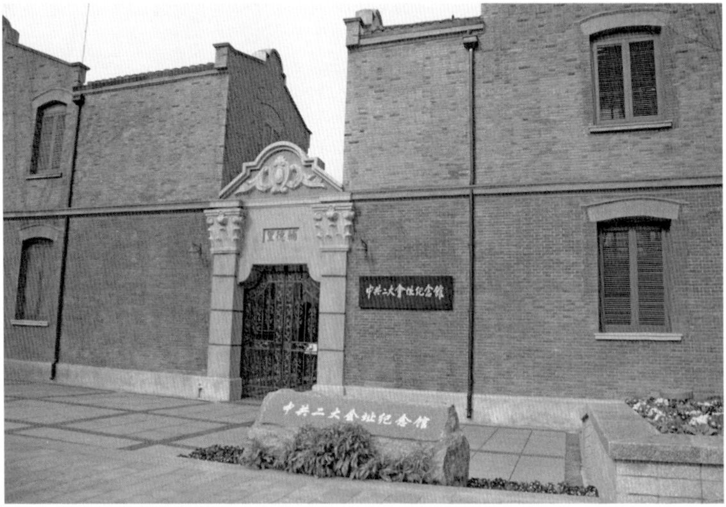
中共二大会址纪念馆

如何看待人民出版社的建社历史[1]

在庆祝中国共产党成立 90 周年之际，回顾一下我们党创建的第一个出版社是很有意义的。1921 年，党在上海建立的第一个出版机构人民出版社，与今天我们党和国家的人民出版社有无关联？熊崇善、戴文葆、刘威立等先生先后写了一些文章，做了有益的探索，但仍局限在"人民出版社"的名称和形式上，缺乏足够的史实来论证自己的命题。本文试图在大量史料的基础上，梳理勾勒出一个较清晰的我们党在革命斗争年代的出版机构发展脉络。

建党初期的人民出版社

1921 年 7 月 23 日，中国各地共产主义小组的代表齐集在中国最大、产业工人最集中的城市上海，召开了后来改变了中国历史的第一次全国代表大会，并宣告全国统一的组织中国的无产阶级先锋队——中国共产党正式成立。大会选举了临时党中央，中央局工作部仅由三人组成，中央局书记陈独秀，组织主任张国

---

[1] 陈有和：《与党同行的人民出版社》，载《北京党史》2011 年第 3 期。

焘，宣传主任李达。

为加强对马克思列宁主义理论的宣传，一大通过决议，"一切书籍、日报、标语和传单的出版工作，均应受中央执行委员会或临时中央执行委员会的监督。每个地方组织均有权出版地方通报、日报、周报、传单和通告。一切出版物，不论中央的或地方的，均应在党员的领导下出版。任何出版物，无论是中央的或地方的，都不得刊登违背党的原则、政策和决议的文章。"[1]党中央决定创建自己的出版机构——人民出版社，由于李达是《新青年》的编辑，并一直在主编《共产党》月刊，在全国影响很大，所以具体的工作就由李达全权负责，没有场地就以家为社。一大北京代表刘仁静是参会代表里最年轻的，积极性也高，会后暂时没走，留下来帮助筹办中央工作部，顺便协助李达筹建出版社。[2]据李达本人后来回忆：中央工作部"并无工作人员。只有宣传工作方面雇了一个工人作包装书籍和递书籍的工作"。[3]出版社的编辑、校对、发行实际上就他自己一人，社址设在上海南成都路辅德里625号（现老成都北路七弄30号），也就是李达自己家里。由于党处于地下活动状态，为了保密，同时也为了迷惑敌人，在出版物的封面及版权页上的出版社名大都是印的"广州人民出版

---

[1] 《中国共产党的第一个决议》，载《"一大"前后》（一），人民出版社1980年7月版，第12页。
[2] 包惠僧：《共产党第一次全国代表会议前后的回忆》，载《"一大"前后》（二），人民出版社1980年8月版，第321页。
[3] 李达：《中国共产党的发起和第一次、第二次代表大会经过的回忆》，载《"一大"前后》（二），人民出版社1980年8月版，第3页。

社印行",社址是印的"广州昌兴新街26号"。①当时的广州是孙中山领导的国民政府,陈独秀又在政府里兼任教育厅长。相比于上海由北洋军阀控制的政府要宽松一些。

上海南成都路辅德里625号(现老成都北路七弄30号)

11月,为迎接党的二大召开,陈独秀签发党的第一个通告,明确提出"中央局宣传部在明年七月以前,必须出书(关于纯粹的共产主义者)二十种以上"。②由于中央局宣传部就李达一人,而人民出版社也是李达一人负责,所以,对中央局宣传部的要求,实际上就是对人民出版社的要求,也是对李达工作任务的

---

① 陈光辉、叶鹏:《李达画传》,人民出版社2010年11月版,第43页。
② 《中国共产党中央局通告》,载《"一大"前后》(一),人民出版社1980年7月版,第24页。

要求。

为此，李达在由陈独秀主持出版的《新青年》杂志第九卷第五号上公开发布"人民出版社通告"，简述创社宗旨与任务："近年来新主义新学说盛行，研究的人渐渐多了，本社同人为供给此项要求起见，特刊行各种重要书籍，以资同志诸君之研究。本社出版品的性质，在指示新潮底趋向，测定潮势底迟速，一面为信仰不坚者袪除根本上的疑惑，一面和海内外同志图谋精神上的团结。各书或编或译，都经严加选择，内容务求确实，文章务求畅达。这一点同人相信必能满足读者底要求，特在这里慎重声明。"

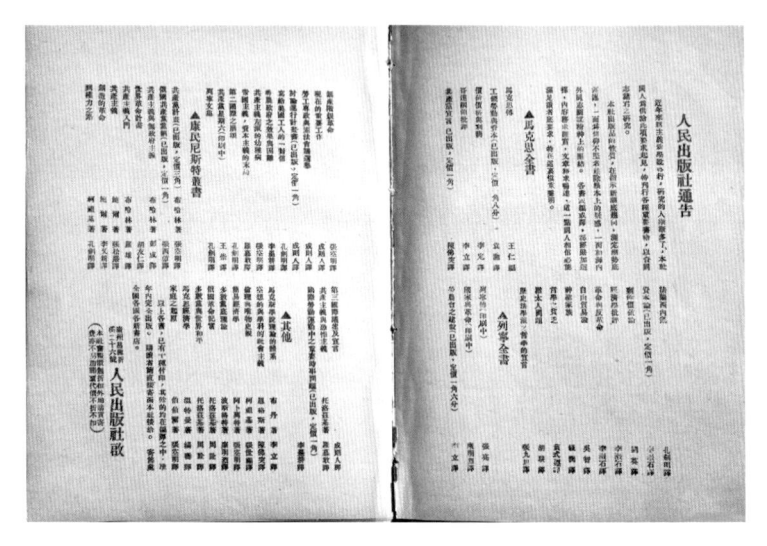

《新青年》杂志第九卷第五号上刊布的"人民出版社通告"及出版的图书目录

此期杂志虽标明9月1日出版,但里面却有在11月完稿的文章,实际出版应是在11月后。此通告还列出了计划出版或已出版的图书书目,其中"马克思全书"15种,已出的有《工钱劳动与资本》《共产党宣言》《资本论》3种;"列宁全书"14种,已出有《劳农会之建设》《讨论进行计划书》2种,另《列宁传》《国家与革命》《共产党星期六》3书正在印刷中;"康民尼斯特丛书"(即"共产主义者丛书")11种,已出的有《共产党(底)计划》(通告漏一"底"字)、《俄国共产党党纲》、《国际劳动运动中之重要时事问题》3种;其他书籍9种。一共是49种,比起陈独秀对中央局宣传部的要求"必须出书(关于纯粹的共产主义者)二十种以上",竟多出一倍多,由此掀起了我们党历史上第一个出版马克思主义著作的高潮,也表明了李达认真落实中央决议,并想超额完成任务的满腔热情。此时,一大会后被留下并协助李达筹办人民出版社的北京代表刘仁静已于10月中离开了上海。①

至1922年6月底,由于实际的能力和翻译水平有限,人民出版社实际共出书12种,其中"马克思全书"2种,《共产党宣言》《工钱劳动与资本》;"列宁全书"5种,《列宁传》《劳农会之建设》、《讨论进行计划书》(即《论策略书》)、《劳农政府之成功与困难》、《共产党礼拜六》(即人民出版社通告中的《共产党

---

① 刘威立:《刘仁静》,河北人民出版社1997年12月版,第95页。

星期六》);"康民尼斯特丛书"5种,《共产党底计划》(布哈林)、《俄国共产党党纲》《国际劳动运动中之重要时事问题》《第三国际议案及宣言》《俄国革命纪实》(托洛茨基)。以上12种各印3000份。①

为了纪念马克思诞辰104周年和声援各地工人群众和革命斗争,先后印发了大量纪念品和宣传品,并编辑出版了《马克思纪念册》,这是在我国出版的第一本马克思纪念册,封面套红,印有马克思的半身像,内含《马克思诞生一百零四周年纪念日敬告工人与学生》,号召学习"马克思做一个苦战奋斗的战士";节选威廉·李卜克内西的《马克思传》,介绍了马克思的生平活动及事业;《马克思学说》简要叙说了马克思关于剩余价值、唯物史观和阶级斗争的学说。纪念册发行达2万册,在全国产生了重大影响。

1922年7月,中国共产党第二次全国代表大会在上海南成都路辅德里625号召开,会议进一步研究了马克思列宁主义著作的出版问题。9月份,人民出版社新出版的图书还有马克思的《资本论入门》、列宁的《国家与革命》,以及《劳动运动史》《两个工人谈话》《太平洋会议与吾人之态度》《李卜克内西纪念》等。此外,为声援香港海员大罢工和上海英美烟草公司、浦东纺

---

① 《中共中央执行委员会书记陈独秀给共产国际的报告》1922年6月30日,载《中共中央文件选集》第一册,中共中央党校出版社1982年2月版,第28—29页。

纱工人罢工，及时印发了大量文章、传单。这些宣传品战斗性很强，有力地配合了党的宣传工作。李达亲自创办的《共产党》月刊第六号也改由人民出版社来发行。1921年7月7日，《共产党》月刊出版六期后，在共产国际代表马林的建议下停刊，并入《新青年》。马林对年轻的中国共产党的发展状况很不满意，在宣传上，认为《新青年》与《共产党》两个杂志内容重复，集中力量办一个就可以了。但李达本人回忆说，一大后，9月份陈独秀回到上海继续主持《新青年》，他自己继续编辑《共产党》月刊，作为秘密宣传刊物（从第三期起至第七期止）。[①]1922年6月30日，时任中共中央执委会书记的陈独秀也在给共产国际的报告"关于将来计划"部分的政治宣传中提出"发行《共产党半月刊》，专门讨论世界的及本国的政治经济问题"[②]，看来是有计划想要再办下去，办成半月刊，但最终却未能实现。

1923年暑期，李达与陈独秀就"国共合作""二次革命"问题发生了激烈争执。秋，李达不满陈独秀的家长作风回到长沙，愤而中断了与陈独秀主持的党中央的联系，不久离开了党的组织。人民出版社与广州新青年社合并。

---

① 马林：《给国际执委会的报告》，载《"一大"前后》（一），人民出版社1980年7月版，第423页。
② 《中共中央执行委员会书记陈独秀给共产国际的报告》1922年6月30日，载《中共中央文件选集》第一册，中共中央党校出版社1982年2月版，第32页。

李达离开以后的人民出版社

李达离开中央后,宣传工作先后由蔡和森、瞿秋白负责。1923年的11月1日,人民出版社因广州偏僻,工作、经费都很困难而迁回上海,在南市小北门民国路租房,改称上海书店。声称"我们要想在中国文化运动史上尽一分责任……我们不愿吹牛,我们也不敢自薄,我们只有竭我们的力设法搜求全国出版界关于这个运动的各种出版物,以最廉价格贡献于读者之前,这是我们愿负而能负的责任",利用在梅白格路(今新昌路)西福海里的一个私营印刷所——明星印刷所代理印刷发行,负责人是徐梅坤。① 广州另成立平民书社,继续出版《新青年》。

中共三大以后,为了对付共同的敌人,在中国共产党的积极倡导与推动下,与国民党实行合作,建立起广泛的统一战线,从而加速了革命的步伐。1924年2月,中央在第二次中央执行委员会会议上要求"本党以后一切宣传、出版、人民组织及其他实际运动,凡关于国民革命的,均应用国民党名义,归为国民党的工作。此因一可减省人力财力,二可使国民党易于发展,三可使各种努力的声势与功效比较扩大,而且集中。但对我们所认为必要事项,而国民党不愿用其名义活动的,仍做为本党独立的活动"。②

---

① 吴贵芳:《记党的早期印刷工作和第一个地下印刷厂》,载《中国出版史料·补编》,中华书局1957年5月版,第270页。
② 《同志们在国民党工作及态度决议案》,载《中共中央文件选编》第一册,中共中央党校出版社1982年2月版,第183页。

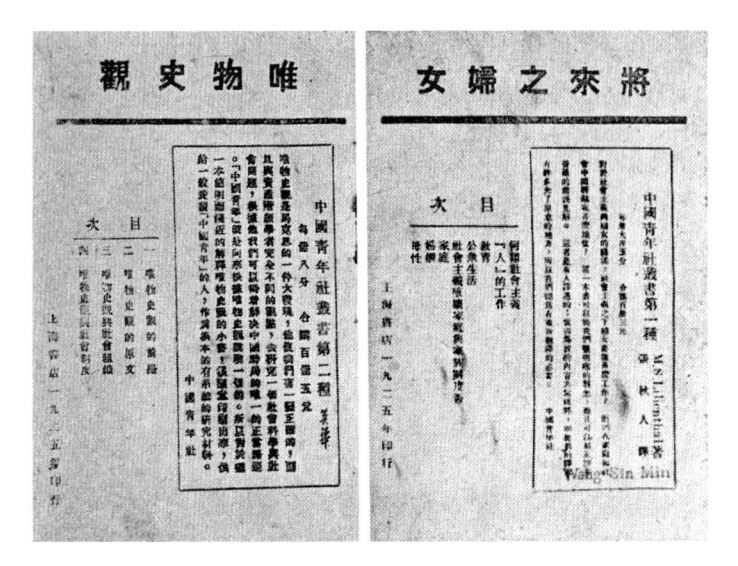

1925年上海书店印行的《中国青年丛书》目录

为了进一步扩大对马克思主义的宣传，上海书店专门经销马克思主义著作等革命书刊和印行党的所有对外宣传刊物。如陈晓风（陈望道）译《共产党宣言》、党的机关刊物《向导》等。为避免反动当局的注意，转移敌人视线，还代销其他出版单位的书刊。[①]这一时期，"宣传因人力不足，《新青年》季刊应出三期，只出二期；《前锋》月刊应出十期，只出三期；《社会科学讲义》应出五期，只出三期；《向导》尚能按（期）出版。铁委之《工人周刊》亦未能按期出版。北京政变时发表之时局主张小册，汉文印六千份，英文三百；去年双十节散发传单五千份；今年'五九'散

[①] 胡永钦、狄睿勤、袁延恒：《马克思恩格斯著作在中国传播的历史概述》，载《马克思恩格斯著作在中国的传播》，人民出版社1983年版，第268页。

发传单一万七千份。关于工人农民兵士宣传的小册,因同志担任起草者均未送来,故至今未能印出。党报告出过两期,每期五百份"。①

1925 年 3 月,中国民主革命的先行者孙中山先生去世,为"借追悼会做广大的宣传,尤其要紧的是根据中山遗言做反帝及废约宣传",上海书店紧急编辑印行了《中山遗言》②。

8 月,李春藩(柯柏年)译《哥达纲领批判》作为"解放书丛"第一种在上海书店出版,印数 2000 册很快销售一空。③

随着革命形势的好转,为满足全国各地对上海书店出版物的需要,书店建立了自己的印刷所,也是我们党自办的第一个地下印刷机构,对外称"崇文堂印务局",地址在闸北香山路(今象山路)、宏兴路口的香兴里,由宣传部负责印刷的倪忧天同志担任经理,毛泽民负责发行。同时在各地建立发行机构,如长沙文化书社、湘潭书店、南昌明星书店、广州国光书店、潮州韩江书店、太原明星书店、安庆新皖书店、青岛书店、重庆新署书店、宁波书店、海参崴五一书店。此外,在巴黎设有一书报社,香港一代售处,专门负责上海书店的出版物。这样就形成了以上海书

---

① 《中央局报告》,载《中共中央文件选集》第一册,中共中央党校出版社 1982 年 2 月版,第 201 页。
② 《中央通告第十九号》,载《中共中央文件选集》第一册,中共中央党校出版社 1982 年 2 月版,第 328 页。
③ 胡永钦、狄睿勤、袁延恒:《马克思恩格斯著作在中国传播的历史概述》,载《马克思恩格斯著作在中国的传播》,人民出版社 1983 年版,第 260 页。

店为中心的马克思主义著作和革命书报的发行销售网。[①]

李春藩（柯柏年）译《哥达纲领批判》出版后受到读者的欢迎，1926年1月又重新加印了第二版。不久，上海书店遭国民党反动政府封闭。1926年底，印务局的倪忧天同志奉调筹办长江书店印刷厂，将崇文堂印务局在鸿祥里分部的机器全部搬至汉口。剩下新闸路新康里（今西斯文里）分部的业务全部由毛泽民及彭礼和负责。[②]

1927年4月—5月，中共新设置了中央出版局，张太雷任局长。1926年12月，广州新青年社又以"人民周报社"的名义出版了《我们为什么斗争》，内有周恩来写的《国民革命及国民革命势力的团结》《现时广东的政治斗争》《现时政治斗争中之我们》等三篇，还有论广东工潮、农潮与学潮三文。[③] 1927年，北伐战争攻克武汉后，为适应革命形势的发展，中共中央把临时机构迁至武汉，中央出版局在汉口后城马路（今中山大道）开办了长江书店和长江印刷厂，重印人民出版社、新青年社、上海书店的部分书刊。3月8日，为纪念国际劳动妇女节，长江书店出版了《赤女杂志》创刊号，登载了列宁在莫斯科女工大会上的演说。

---

① 胡永钦、狄睿勤、袁延恒：《马克思恩格斯著作在中国传播的历史概述》，载《马克思恩格斯著作在中国的传播》，人民出版社1983年版，第269页。
② 吴贵芳：《记党的早期印刷工作和第一个地下印刷厂》，载《中国出版史料·补编》，中华书局1957年5月版，第270页。
③《第一次国内革命战争出版物简目》，载《中国现代出版史料·甲编》，中华书局1954年12月版，第77页注18。

白色恐怖环境下的人民出版社

1927年4月12日，蒋介石在上海悍然发动反革命政变，大肆逮捕和屠杀共产党人，7月，汪精卫控制的国民党武汉政府也公开反共。长江书店在汉口、上海被国民党反动派先后封闭。

大革命宣告失败，党的组织遭到了极大的破坏，党中央和各级组织被迫转入地下，继续进行不屈的斗争。在关系党和革命事业前途和命运的关键时刻，中共中央于1927年8月7日在汉口原俄租界三教街41号（现鄱阳街139号）召开了紧急会议，即"八七会议"。

由于白色恐怖，形势紧迫，会议仅开了一天。会议共有三项议程：1. 共产国际代表作报告；2. 瞿秋白代表中央常委会作报告；3. 改选临时中央政治局。会议总结了大革命失败的经验教训，着重批评陈独秀的右倾机会主义错误，撤销了他的总书记职务。会议确定以土地革命和武装反抗国民党反动派的屠杀政策为党在新时期的总方针，并把发动农民举行秋收起义作为党在当时的最主要任务。会议选举了以瞿秋白为首的新的临时中央政治局，由瞿秋白主持中央工作。新的临时中央政治局决定设立中共中央北方局、南方局和长江局，决定王荷波任北方局书记，蔡和森为秘书；张太雷赴南方局，任广东省委书记；罗亦农赴长江局工作；毛泽东去湖南领导秋收起义。

"八七会议"在我党历史上是一个转折点。会议确定了土地革命和武装反抗国民党反动派的总方针。它给正处在思想混乱和组织涣散中的中国共产党指明了新的出路，为挽救党和革命作出了巨大贡献。"八七会议"后，临时中央从汉口又迁回上海，宣传、出版由郑超麟负责，出版局撤销。[①] 1928年，党中央又在上海成立了地下出版社"无产阶级书店"，在白色恐怖的严酷环境里，无产阶级书店出版了《列宁论组织工作》等马克思主义书籍，以及共产国际和党的一些文件。

1929年，无产阶级书店遭封闭后，又成立了华兴书局，继续出版发行马克思主义理论书籍和党的重要文件。1930年3月，华兴书局在极其艰难的情况下翻译出版了相当一批马克思主义经典著作和有关俄国革命的书籍，对马克思主义的深入传播和鼓舞人民的革命斗志，推动革命形势的发展起到了积极的作用。如精心组织编辑出版了《马克思主义的基础》，作为"社会科学丛书"的一种，里面包括了马克思恩格斯的六篇著作，该书出版后的数年间曾不断重印再版。

华兴书局还出版了华岗重译的《共产党宣言》，这是在我国出版的第二个全译本。比起陈望道第一个全译本，在翻译质量上有了很大的提高。

[①] 郑超麟：《回忆中央出版局》，《新闻出版史料征集简报》1988年10月7日，载《中国出版史料（现代部分）》第一卷下册，山东教育出版社、湖北教育出版社2001年4月版，第303页。

上海华兴书局、启阳书店书目

是年,华兴书局又遭封闭,改名"启阳书店",后又更名"春耕书店""春阳书店",继续出版发行图书。[①] 这一时期,党的印刷机构——上海文明印务局也屡遭敌人破坏,数次搬迁转移并坚持工作,甚至曾不得不在吴淞口外的长江民船上进行生产。[②]

20世纪30年代初,北方各省很难看到党中央在上海秘密出版的革命书刊。为了宣传马列主义和党的主张,1931年9月,党闻悉在保定有我们的同志与一家协生印书局的经理认识,先试印了两本书:一本是上海书店版张伯简译《各时代社会经济结构原素表》;一本是瞿秋白著《社会科学概论》,但把封面印

[①] 胡永钦、狄睿勤、袁延恒:《马克思恩格斯著作在中国传播的历史概述》,载《马克思恩格斯著作在中国的传播》,人民出版社1983年版,第290页。

[②] 吴贵芳:《记党的早期印刷工作和第一个地下印刷厂》,载《中国出版史料·补编》,中华书局1957年5月版,第272页。

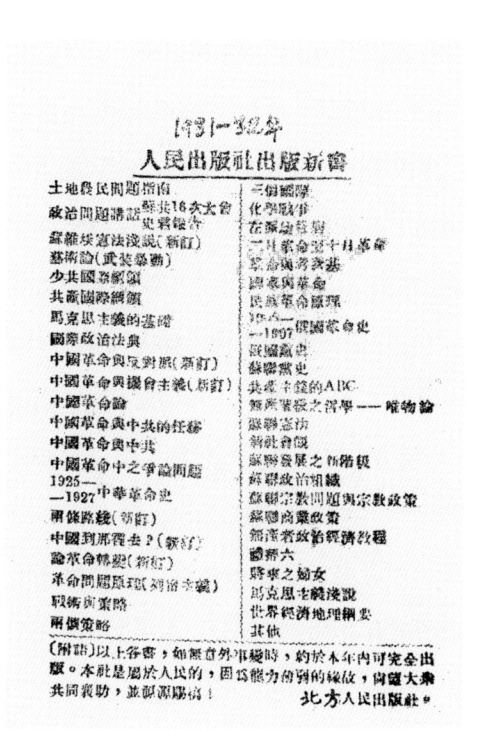

丁玲回忆录提供的 1931—1932 年北方人民出版社书目

成了布浪得尔著、杨霞青译《社会科学研究初步》，以搞混敌人耳目。两本书试印取得成功，于是决定在保定继续搞下去。这"就需要确定出版社的名号，以示对读者负责。经过再三地考虑和斟酌，由于一九二一年——二二年的人民出版社对读者是很有影响的，而且有些北方的青年们对新生读书社（新生社，河北鏖尔［Our之译音］读书会之前身）是熟悉的，于是，就确定了：出版为人民出版社，发行为新生书社，——凡封面或扉页上都印着人民出版社出版，新生书社发行；凡版权页上都印着出版者人民出版社，发行者新生书社。——但后来，由于白色恐怖，为了避免国民党反动派的查禁、检扣，有时封面就需要以伪装的形式出现，封面、扉页和版权页上有时就排印着别的名号，如：人民书店、北国书社、新光书店等等"。党的保属特委命地下党员王辛民（后改名王禹夫）负责出版社的工作。人民出版社主要任务"绝大部分是将党以前的出版机构，如人民出版社、新青年社、平民书社、中国青年社、上海书店和华兴书局、启阳书店（春耕书店）、无产阶级书店等等优良出版物，加以重新校订排印，此外，也编审出版了一些新的书稿"。[①]

北方人民出版社坚持了约一年。这一时期，北方人民出版社重印和新编图书有五六十种，分"左翼文化丛书"、"人民文化丛书"（又称"大众文化丛书"）等。据丁珉回忆，新中国成立以后保存下来的图书版本有：《土地农民问题指南》（包括中共六大决议案和五次劳动大会决议案等）、《政治问题讲话》（即苏共十六次大会斯大林的政治报告）、《苏维埃宪法浅说》（附录：中华苏维埃共和国宪法大纲）、《武装暴动》（封面印《艺术论》）、《化学战争》、《共产国际纲领》、《少共国际纲领》、《国际政治法典》（即《第三国际议案及宣言》新订本）、《马克思主义的基础》（包括《共产党宣言》另一译文及《雇佣劳动与资本》）、《中国革命论》（即共产国际对中国革命决议案）、《中国到那里去》（问

[①] 辛垦：《忆北方人民出版社》，载《中国出版史料·补编》，中华书局1957年5月版，第299—300页。

友作,初载《布尔什维克》第二卷第四期),《中国革命与中共的任务》(国际代表在中共第六次代表大会上的政治报告),《各时代社会经济结构原素表》(张伯简译,根据上海书店原表排印),《社会科学概论》(瞿秋白著,封面改印《社会科学研究初步》,著者化名为布浪得尔著、杨霞青译),《民众革命与民众政权》(选辑《红旗周报》论著,封面印《孙文主义之理论与实际》),《资本主义之解剖》(即《共产主义ABC》)。此外,还重印了几种列宁、斯大林经典著作的中文译本:《国家与革命》(列宁)、《两个策略》(列宁)、《左派幼稚病》(列宁)、《俄国革命中之农业问题》(列宁)、《二月革命到十月革命》(列宁)、《革命与考茨基》(列宁)、《论反对派》(斯大林)。[1]

1931年11月,中国共产党在江西瑞金根据地召开中华苏维埃第一次全国代表大会,选举产生了中华苏维埃共和国临时中央政府,并设立中央出版局,负责苏区根据地新闻出版书报刊的审定管理和发行。局长朱荣生,后由张人亚继任。在红色政权存在的三年间(1931.11—1934.10),因没有一个正规的出版机构,故这一时期的书刊都是由各主管部门自己分头署名出版印行的。如中央出版局,中央教育人民委员部编审委员会,中央教育人民委员部编审局、艺术局,地方苏维埃政府的编审出版机构,工农剧社编审委员会,工农美术社,马克思主义研究总会编译部、文

---

[1] 丁珉:《忆北方人民出版社》,载《中国现代出版史料·乙编》,中华书局1955年5月版,第19—20页。

化研究组,马克思共产主义学校编审处,中共中央局党报委员会,中央革命军事委员会出版局,中央革命军事委员会编译委员会,中华苏维埃共和国中央军事政治学校编审出版科,中国工农红军学校出版科,中国工农红军卫生学校出版科,中国工农红军大学出版科等。中央苏区的出版印刷设备简陋,条件极其艰苦,在敌人的严密封锁和不断的"围剿"下,仍然出版了成百上千种图书,为宣传党和苏维埃政府的各项政策,指导根据地各项建设,发展苏维埃文化教育事业作出了重要贡献。①

1932年7月,国民党反动当局镇压保定学潮,王辛民被通缉,北方人民出版社的社务被迫暂停,王辛民被调至北平,市委唐锡朝(即唐明照)等负责同志要求他继续负责北方人民出版社的工作。随后,北方人民出版社又在北平出版了列宁的《苏联革命过程中的农业问题》等书。

抗日战争时期党的出版机构

1935年,中央工农红军主力经过两万五千里艰苦的行程到达陕北,党中央十分重视革命书刊所起的宣传及先导作用。在陕北根据地延安成立了中共中央出版发行部,李富春任部长;成立"解放社",并在4月24日出版了《解放》周刊创刊号。马恩列

---

① 严帆:《中央革命根据地编审出版考述》,载《中国出版史料(现代部分)》第一卷下册,山东教育出版社、湖北教育出版社2001年4月版,第305—318页。

斯经典著作与毛泽东著作用"解放社"（有时也沿用"人民出版社"，见人民出版社资料室珍藏的版本）名义出版，一般的社会科学读物则用"新华书店(局)"的名义出版。①

陕西：人民出版社出版的《毛泽东论中日战争》

10月，袁西樵主编的《毛泽东论中日战争》，在延安用"陕西：人民出版社"名义出版，内含美国记者斯诺与毛泽东访谈的重要片段（史诺录，汪衡译）《毛泽东论中日战争》，《人民之

---

① 胡永钦、狄睿勤、袁延恒：《马克思恩格斯著作在中国传播的历史概述》，载《马克思恩格斯著作在中国的传播》，人民出版社1983年版，第299页。"新华书店"，原为"新华书局"。刘思让《回忆延安时期的出版发行工作》中为"新华书店"，《书店工作史料》（第一辑）新华书店总店1979年编辑出版。

019

友》杂志上登载的毛泽东与北方青年的谈话《抗日民主与北方青年》，中共中央关于国共合作，一致抗日的《中国共产党宣言》《中国共产党抗日救国十大纲领》等。《毛泽东论中日战争》一书初版后很快销完，当月就紧接着再版，书内又增补了《论反对日本帝国主义进攻前途的办法与方针》《关于联合战线》《关于停战抗日之重要谈话》三篇文章。陕西人民出版社还在书内刊登广告，代销《外国记者——西北印象记》等书。[1]

七七事变后，日本帝国主义开始全面侵华，全民族抗日战争爆发，第二次国共合作形成。12月，中共中央派出周恩来为首的中共代表团常驻国民党中央政府所在地，同国民党继续进行谈判，并在武汉设立中共中央长江局，建立"中国出版社"，作为在国统区以民间企业出现的出版机构，以区别于共产党的公开宣传机关的《新华日报》及其附设的出版部。中国出版社的社名由毛泽东题写，[2]出版社不另立机构，完全委托新知书店办理，凡用中国出版社名义出版的书籍，书稿一律送凯丰决定。[3]

是年，中国出版社出版了《共产主义运动中的"左"派幼稚病》《论反对派》《国家与革命》《列宁主义问题》，以及《吴玉

---

[1] 见人民出版社资料室珍藏版本。
[2] 《胡愈之、黄洛峰、华应申谈三联书店历史》，载《中国出版史料（现代部分）》第一卷下册，山东教育出版社、湖北教育出版社2001年4月版，第93页。
[3] 胡永钦、狄睿勤、袁延恒:《马克思恩格斯著作在中国传播的历史概述》，载《马克思恩格斯著作在中国的传播》，人民出版社1983年版，第317页。

章抗战言论选集》等书。①

中国出版社还与延安的解放社南北呼应，配合非常默契。许多重要图书，同一译者同一版本几乎是在同一时间出版，一般只有两三个月的间隔。1938年3月，中国出版社出版了《马克思恩格斯论中国》。5月，解放社就出版了同一版本的《马克思恩格斯论中国》。8月，《共产党宣言》由解放社出版。紧接着10月《共产党宣言》也由中国出版社出版。

在党中央的关心支持下，1938年5月5日，马克思诞辰纪念日，马列学院在延安正式成立，专门抽调人力设立编译部，开始编译"马克思恩格斯丛书"和多卷本《列宁选集》《斯大林选集》。《社会主义从空想到科学的发展》由解放社出版。

1938年9月，党的六届六中全会召开，决定撤销长江局成立南方局，代表党中央领导南方国民党统治区和沦陷区党的各项工作，书记周恩来。10月，武汉沦陷后，中国共产党机关报《新华日报》从汉口迁至重庆，《新华日报》在南方局的指导下编译马列著作，翻印了大量上海书店、解放社的图书及国内外的一些进步报刊，同时还自编出版了许多宣传品。②

11月，中国出版社出版了《社会主义从空想到科学的发

---

① 徐雪寒：《新知书店的战斗历程》，载《中国出版史料（现代部分）》第一卷下册，山东教育出版社、湖北教育出版社2001年4月版，第100页；《生活·读书·新知三联书店大事记》（上册1932—1951），生活·读书·新知三联书店2008年11月版，第34页。

② 南方局党史资料征集小组编：《南方局党史资料·大事记》，重庆出版社1990年6月版，第59页。

展》，成仿吾、徐冰译马克思、恩格斯《共产党宣言》，纪华译《左派幼稚病》《共产党党章》。[1] 吴黎平、刘云合译的《法兰西内战》由解放社出版。

1939年，解放社又出版了《斯大林选集》及《马克思恩格斯论中国》《列宁斯大林论中国》《政治经济学论丛》等书。新华日报馆2月重印出版了吴黎平、刘云合译的《法兰西内战》、六卷本《列宁选集》。[2] 中国出版社出版了伯虎、流沙译《列宁选集》(第8卷)、毛泽东《论持久战》、赵飞克等译《苏联概况》。[3]

在抗日战争不断取得胜利，根据地不断扩大的情况下，广大干部群众对马克思主义毛泽东著作的需求日益高涨，各根据地和新解放区根据中央关于"每个根据地都要建立印刷厂，出版书报，组织发行和输送机关"的指示，陆续建立起新华书店。这些书店虽名称一样，但都是分散经营，之间没有上下级关系，其业务大都是重印延安解放社出版的马列主义著作和党的文件。[4]

---

[1]《生活·读书·新知三联书店大事记》(上册1932—1951)，生活·读书·新知三联书店2008年11月版，第50页。

[2] 胡永钦、狄睿勤、袁延恒：《马克思恩格斯著作在中国传播的历史概述》，载《马克思恩格斯著作在中国的传播》，人民出版社1983年版，第321页。

[3]《生活·读书·新知三联书店大事记》(上册1932—1951)，生活·读书·新知三联书店2008年11月版，第64页。

[4] 胡永钦、狄睿勤、袁延恒：《马克思恩格斯著作在中国传播的历史概述》，载《马克思恩格斯著作在中国的传播》，人民出版社1983年版，第332页。此处的首句"在抗日战争不断取得胜利"，该书原载是"在解放战争不断取得胜利"，应是排校上的错误。

面对反动势力的日益嚣张，7月下旬，中共南方局发出秘密工作条例。要求各地党的组织从半公开的形式转到基本是秘密（地下党）的形式，并实行与此相适应的工作方法；建立完全的秘密的机关，严禁无直接工作关系的同志进入这些机关，相互联系改用个别接头方式进行；党员和党的组织都不得违反秘密工作原则，党员被捕后，不得轻易承认自己是党员，在万不得已须承认自己是共产党员时，也绝不能暴露任何党的秘密和组织情况，绝对不能供出其他同志。[1]

针对严酷的形势，8月25日，中共中央作出《关于巩固党的决定》，指出："党的发展一般的应当停止"，要从"思想上、政治上、组织上巩固党"。要精干组织，隐蔽力量。对已暴露的干部一部分撤回延安，一部分调换了工作区域。[2]

1940年1月，在国民党顽固派的反共高潮下，南方局根据中央书记处的指示，立即同《新华日报》馆进行研究，组织各方力量，将延安出版的《新中华报》《共产党人》《解放》《军政杂志》等报刊的社论和重要文章印成小册子，通过秘密的发行网点及其他各种方式进行散发[3]。

9月，中共中央发出《关于开展敌后大城市工作的通知》

---

[1] 南方局党史资料征集小组编：《南方局党史资料·大事记》，重庆出版社1990年6月版，第64页。

[2] 南方局党史资料征集小组编：《南方局党史资料·大事记》，重庆出版社1990年6月版，第66—67页。

[3] 南方局党史资料征集小组编：《南方局党史资料·大事记》，重庆出版社1990年6月版，第80页。

（第一号），为了在全国范围内开展敌后城市工作，中央成立了敌后工作委员会，领导与推动整个敌后城市工作，由周恩来总负责，康生副之，以重庆为推动整个南方敌后城市工作的中心，以延安为推动整个北方敌后城市工作的中心。[①]

12月，南方局组织力量，将半年来国共双方来往电文和国民党的反共文件汇印成册秘密发出，并通过外国朋友把材料带到香港向国外宣传，揭露蒋介石国民党长期媚外反共的真相。

1941年1月6日，国民党反动派制造了震惊中外的"皖南事变"，加速对共产党人及进步组织的迫害和打压，掀起又一轮新的反共高潮。重庆《新华日报》馆已不能正常出版。

1942年，解放社出版马恩列斯《思想方法论》。5月1日，经中央批准，在延安正式起用"新华书店"的名义，统一负责北方革命根据地图书的编辑出版与发行工作。同时在南方，由南方局周恩来领导的《新华日报》馆承担了南方国统区进步图书的编辑出版与发行工作，出版了毛泽东的《新民主主义论》《论联合政府》《延安文艺座谈会上的讲话》和党的《整风文件》等。为了保存进步出版力量和继续进行斗争，地下党又在上海、武汉、北平、广州等地组建联营书店、华夏书店、骆驼书店等一批新的进步书店。在武汉的联营书店专营苏联大使馆送的莫斯科版苏联书刊，重庆《新华日报》馆出版的毛泽东著作和党的文件，以及

---

① 南方局党史资料征集小组编：《南方局党史资料·大事记》，重庆出版社1990年6月版，第106页。

香港和上海出版的刊物《群众》《文萃》。①

是年9月,周恩来致电中宣部凯丰转国民党军事委员政治部文化工作委员会,谈及大后方最近文化活动近况称,"出版界最近由于印刷和检查的限制,出版新书甚不容易,加上经济困难,读者购买力极为薄弱,于是无法销售,因之书店都不敢出版新书",以抗议国民党当局对进步书刊的压制。② 中国出版社出版了薛暮桥著《中国革命问题》。③

因革命形势的需要,1943年在重庆的《新华日报》馆将党领导的生活书店、读书出版社和新知书店三家书店聚拢到旗下,统一对敌斗争。与此同时,在北方,新华书店与三联书店在延安办的华北书店合并后,统称新华书店,规模扩大,业务逐步发展,但具体业务仍分区进行。如晋察冀新华书店、冀鲁豫新华书店、山东新华书店④等,许多经典著作出现了多个版本。

解放战争时期的人民出版社

1945年8月15日,日本帝国主义宣布无条件投降,抗日战

---

① 马仲扬:《白色恐怖中的武汉联营书店》,载《马克思恩格斯著作在中国的传播》,人民出版社1983年版,第327页。

② 南方局党史资料征集小组编:《南方局党史资料·文化工作》,重庆出版社1990年6月版,第20页。

③ 《生活·读书·新知三联书店大事记》(上册1932—1951),生活·读书·新知三联书店2008年11月版,第87页。

④ 安作璋主编:《山东通志·现代卷》下册,人民出版社2009年版,第158页。

争取得了胜利。根据中共中央指示,在大后方的各出版社立即返回原地,恢复业务,抢占出版阵地。三联书店的三线书店华夏出版社回到上海用"中国出版社"名义出版了毛泽东《论联合政府》,文艺读物《腐蚀》《李有才板话》。由于多家出版社离开,有21家出版社把自己原在重庆及西南的发行业务交由三联书店[①]。

10月22日,在重庆民生路生活书店二楼举行大会,生活书店、读书出版社、新知书店三店正式合并,成立重庆三联书店,设立联合生产部,决定所出图书续用"人民出版社"的名义,所出刊物定名为"人民丛刊"。(美)爱泼斯坦等著、齐文编译《毛泽东印象》以"重庆人民出版社"名义出版[②]。

1946年,朱德《论解放区战场》由中国出版社出版。

1947年2月28日午夜,国民党当局封闭《新华日报》,人员被拘禁。经中共中央及吴玉章多方交涉,从3月初至11日,《新华日报》遭拘禁人员被释放,全部撤回延安。[③] 11月,为纪念《共产党宣言》诞生一百周年,中国出版社在香港出版了1938年延安解放社出版的成仿吾、徐冰译马克思、恩格斯《共产党宣

[①] 《生活·读书·新知三联书店大事记》(上册1932—1951),生活·读书·新知三联书店2008年11月版,第104页。

[②] 《生活·读书·新知三联书店大事记》(上册1932—1951),生活·读书·新知三联书店2008年11月版,第103页。

[③] 南方局党史资料征集小组编:《南方局党史资料·文化工作》,重庆出版社1990年6月版,第512页。

言》①，（美）史特朗著、孟展译《毛泽东的思想》②。

随着解放战争全面胜利在望，1948年10月26日，根据党的指示，国统区的三联书店彻底合并，在香港成立了生活·读书·新知三联书店总店，利用其特殊的地理位置，统一经营，成为中共对海外宣传的重要窗口。

1949年2月，北平解放，中共中央宣传部设置出版委员会，领导全国出版事业的整顿和恢复工作。9月，胡愈之被聘为新华书店总编辑，开始负责出版工作。

1949年10月1日，毛泽东在北京天安门城楼上向全世界庄严宣布中华人民共和国中央人民政府成立，中央人民政府政务院设立出版总署，胡愈之被任命为署长，胡绳为办公厅主任。同月3—9日，全国新华书店举行第一届工作会议，通过了统一经营的决议。毛泽东主席亲笔为会议题词："认真作好出版工作"，朱德总司令到会讲话，并为会议题写了"加强领导 力求进步"。③

1950年3月，新华书店第一届工作会议的决议经出版总署批准后予以颁布。全国新华书店8月29日—9月10日在北京举行第二届工作会议，讨论与解决出版、印刷、发行进一步分工专业化问题，会议通过了《关于统一全国新华书店的决定》《关于

---

① 胡永钦、狄睿勤、袁延恒：《马克思恩格斯著作在中国传播的历史概述》，载《马克思恩格斯著作在中国的传播》，人民出版社1983年版，第330页。

② 《生活·读书·新知三联书店大事记》（上册1932—1951），生活·读书·新知三联书店2008年11月版，第117页。

③ 《人民出版社四十年》（1950—1990），人民出版社1990年编。

成立人民出版社》《关于今后新华印刷厂工作》《关于今后新华书店工作》决议和决定；明确了书店为专营化发行的机构，把出版关于马列主义的译著和毛泽东思想的著作列为出版工作的重点内容之一。① 为编辑出版独立，重建党的出版机构——人民出版社做好了准备。

9月15日，第一次全国出版工作会议在北京召开，会议确定了出版事业为人民服务的方针，并正式决定把过去分散经营的新华书店统一为全国性的国有企业；又将兼营出版、印刷、发行的新华书店分工专业化，所属出版部门划分出来成立中央和各地人民出版社。在出版总署下发的《关于国营书刊出版印刷发行企业分工专业化与调整公私关系的决定》第九条明确指出："人民出版社为国家首要的出版机关，必须以很认真与负责的态度为人民服务；必须保证出版物内容上与形式上一定高度的水平；必须密切配合每个时期的政治任务与政策要求；必须努力发动和培养各方面的著作力量，与各有关方面建立广泛联系，组织各方面的稿件，并进行加工。"②

历经近30年风雨的人民出版社12月1日起在北京重新设立，成为党和国家最重要的出版机构，胡绳任社长，华应申任副社长兼总经理，王子野任副社长兼总编辑。社址设在东总布胡同10

---

① 胡永钦、狄睿勤、袁延恒：《马克思恩格斯著作在中国传播的历史概述》，载《马克思恩格斯著作在中国的传播》，人民出版社1983年版，第336—337页。
② 《人民出版社四十年》（1950—1990），人民出版社1990年编。

号。在此之前用"新华书店""解放社"名义出版的图书及编辑出版业务全部转为由人民出版社办理,三联书店的社会科学著作出版部分也并入人民出版社。

12月18日,人民出版社召开成立大会。中共中央宣传部部长陆定一、出版总署署长胡愈之、副署长叶圣陶到会祝贺并讲话。陆定一部长在讲话中指出,出版政治、社会科学书籍是国家出版社重大而严肃的任务,人民出版社就要担负这一任务。他勉励全社同志认真严肃地来完成这一艰巨而光荣的任务。胡愈之署长在讲话中强调了人民出版社作为国家政治书籍出版社的重要地位,指出:"虽然人民出版社为出版总署直属的企业机关,但它在政治思想上应直接接受中共中央宣传部的领导,同时它也应当负起领导各地方人民出版社的责任。"[1] 21日,周恩来总理为出版工作者题词:"为努力于人民出版事业,望百尺竿头,更进一步!"[2]

1950年12月18日人民出版社在北京重建时全体人员合影

---

[1]《人民出版社成立大会纪要》,载《中华人民共和国出版史料》第2卷,中国书籍出版社1996年版,第801页。

[2]《人民出版社四十年》(1950—1990),人民出版社1990年编。

结语

综上所述，通过对近30年的中国共产党宣传出版史的探索，我们可以得出以下结论：

第一，1921年中国共产党在上海建立的人民出版社，与新中国成立后的人民出版社是一脉相承的。从1923年到广州与新青年社合并起，到返回上海成立上海书店，到汉口设立长江书局，又返回上海设无产阶级书店，改华兴书局、中国出版社，南方局《新华日报》馆，北方人民出版社，延安成立解放社、新华书店，直至1950年人民出版社正式复建，虽然中间变换了不同的名称，那是因为环境所迫，对敌斗争的需要。在那白色恐怖的艰难环境里，共产党人冒着生命危险和资金的匮乏，面对反动派的搜捕与屡屡破坏，想尽各种办法始终坚守着自己的理想信念与阵地，"出杂志、党的刊物，出来就被封了，改出小报又被查封。后来就改地址，刊物出来，知道了，已经搬了家。那都是打游击的方法，没有连续性，影响是有的。""30年代问题首先要看当时的时代背景：军事'围剿'和文化'围剿'，……出版工作的主流是同国民党反动派作斗争。"上海文明印务局屡遭敌人的破坏，屡次搬迁转移并坚持工作，甚至曾不得不在吴淞口外的长江民船上进行生产。我们就好理解，我们党为什么没能用"人民出版社"这块响亮的品牌一直坚持到夺取全国的最后胜利。

第二，虽然从表面形式上看，党的一大后创建的人民出版社与新中国成立后成立的人民出版社在时间的链条上断开了，但作为党赋予人民出版社宣传马克思主义、宣传我们党的主张、方针任务，在这一特殊的时期里并没有断线，党的出版阵地并没有丢，只是需要经常做一些战略和战术上的调整与转移。即使是在非常艰难的条件下，在广州、在武汉、在重庆、在保定、在北平、在延安，我们的党、我们的革命出版人依然思念着"人民出版社"这个品牌，不时地用这个品牌出版革命书籍来激励共产党人和进步人士、鼓舞全国人民去夺取胜利。正如丁珉对北方人民出版社回忆评价说："这个出版社后于广州的人民出版社十年，其传统的精神与实质，是连续的、一贯的。"①

第三，我们党的主管宣传出版战线的领导，始终没有忘却建党初期人民出版社所作出的重大历史贡献及其影响力。所以在全国胜利后，新中国一成立，1950年确立党和国家出版社的社名时又继续沿用了"人民出版社"这个响亮的品牌。

毛泽东主席亲笔为人民出版社题写了社名，突显了对人民出版社的重视和人民出版社在党的宣传舆论阵地中的重要位置。其后，我们党的三代主要领导人邓小平、江泽民都先后为人民出版社题字和题词，以示关心。在文化体制改革的今天，人民出版社又作为党和国家唯一的公益性综合事业出版单位被保留下来，使其在社会主义现代化建设的宏图大业中发挥更大的作用。

---

① 丁珉：《忆北方人民出版社》，载《中国现代出版史料·乙编》，中华书局1955年5月版，第18页。

第四，在我们隆重庆祝中国共产党成立 90 周年之际，我们不应忘却人民出版社 60 年前为马克思主义在中国的传播、为我们党取得新民主主义革命的胜利、为中国劳苦大众获得翻身解放建立新中国的近 30 年的历史！我们要为人民出版社成立 90 周年，复建 60 周年而庆祝，为人民出版社的历史能与党同行而自豪！1954 年 2 月 23 日，人民出版社的创始人李达在写给上海革命博物馆的一封信中曾饱含深情地提出："还有辅德里六二五号的房子，作为人民出版社的纪念馆，似乎也是可以的。"

关于人民出版社建社历史的再探讨[①]

1921年,中国共产党在上海召开了第一次全国代表大会,会后创建了党领导的第一个出版机构——人民出版社。这是中共党史上的一件大事,也是近现代中国出版史上的一件大事,但对它及其后来历史的研究,长期以来并没有引起党史学界及出版界的重视,所论文章也寥寥无几。今年是建党90周年,也是人民出版社建社90周年,我曾先后撰文,就人民出版社的建社历史阐述了自己的观点,现再就一些重要的历史节点补充点意见,不妥之处,还望各位同行及方家指正。

关于人民出版社的成立

党的一大通过决议,"一切书籍、日报、标语和传单的出版工作,均应受中央执行委员会或临时中央执行委员会的监督。每个地方组织均有权出版地方通报、日报、周报、传单和通告。一切出版物,不论中央的或地方的,均应在党员的领导下出版。任

---

① 原载《中国出版》2011年10月上第19期。

何出版物，无论是中央的或地方的，都不得刊登违背党的原则、政策和决议的文章"。① 党中央决定秘密创建自己的出版机构。由于宣传主任李达原本就是一位马克思主义理论家，翻译出版过多部理论著作，他曾在中华书局做过编辑，同时又是《新青年》的编辑，并一直在主编《共产党》月刊，有丰富的编辑出版工作经验，所以具体工作就由李达负责。出版社取名"人民"，寓意中国共产党的一切奋斗，归根到底都是为了人民，出版社的根本宗旨就是全心全意为人民服务，传播新思想、宣传新主义、增进民族大团结，勇敢担当起带领人民创造幸福生活、实现中华民族伟大复兴的历史使命。

一大北京代表刘仁静是参会代表里最年轻的，才19岁，积极性也高，会后暂时没走，留下来帮助筹办中央工作部，顺便协助李达筹建出版社。据李达本人后来回忆，中央工作部"并无工作人员。只有宣传工作方面雇了一个工人做包装书籍和递书籍的工作"。出版社的编辑、校对、发行实际上就他自己一人，经费不够，靠给商务印书馆写稿拿点稿费来补贴。② 为便于工作，也便于隐蔽，社址设在上海南成都路辅德里625号（现老成都北路七弄30号），也就是李达自己的家里。由于党处于地下活动状态，为了保密，同时也为了迷惑敌人，在出版物的封面及版权页

---

① 《中国共产党的第一个决议》，载《"一大"前后》（一），人民出版社1980年7月版，第12页。
② 李达：《中国共产党的发起和第一次、第二次代表大会经过的回忆》，载《"一大"前后》（二），人民出版社1980年8月版，第3页。

上的出版社名印的是"广州人民出版社印行",社址印的是"广州昌兴新街26号",即《新青年》杂志社的社址。1922年7月后改迁至其隔壁,"广州昌兴马路28号"。①

当时《新青年》杂志社的经理是苏馨甫(新甫),安徽安庆苏家户人,是陈独秀的老乡。早年就追随陈独秀参加革命,陈独秀办《安徽俗话报》时,苏馨甫就在安庆为他做发行。《新青年》创办后,苏馨甫任新青年社经理。除《新青年》外,后《每周评论》《向导》的发行他也负责。1926年又参与经办中共汉口长江书店。1927年"四一二"事件后,安徽省清党委员会派军警对苏馨甫在安庆的新市巷住宅进行搜查。"七一五"武汉清党,大革命失败,不是中共党员的苏馨甫在外躲了两年。由于生活艰苦,得了肺病才回到家中调养。1936年病故于安庆新市巷寓中。

由于有陈独秀和苏馨甫在广州,所以李达才会想到,将人民出版社出版的书,在封面和版权页上用广州人民出版社的名义和广州新青年社的地址来迷惑反动政府的检查,这也是后来李达离开党组织后,陈独秀为避免人民出版社的出版工作没有人做而受到损害,遂决定将其迁往广州,交予苏馨甫负责并与新青年社合并的重要原因。

---

① 见《新青年》第九卷第五号、第六号中的"人民出版社通告"及"新书出版"广告。

关于人民出版社的成立时间

人民出版社的成立时间，一般都说是1921年9月1日。依据的是《新青年》第九卷第五号上刊登的一则"人民出版社通告"，由于这一卷杂志标明的出版时间是9月1日，因此人民出版社也被误认为就是这一天正式成立。其实，这是错误的。

因为，此期杂志虽标明9月1日出版，但要注意的是里面却有多篇文章是在9月1日以后完成的，如施存统的《第四阶级解放呢？全人类解放呢？》，完稿时间是9月29日；周作人译的《颠狗病》，落款是"1921年9月5日在北京西山记"；记者写的几篇消息时间均是落款10月中后。最晚的一篇"选录"文章是新凯的《共产主义与基尔特社会主义》一文，落款是"一九二一.十一.十一，于北高"。① 所以可以铁证，此期杂志并没按标示出版的时间准时出版，实际出版的时间应是在11月中旬以后。特别是此通告不是出版社的成立通告，通篇文字就没提成立之事，请看：

"近年来新主义新学说盛行，研究的人渐渐多了，本社同人为供给此项要求起见，特刊行各种重要书籍，以资同志诸君之研究。本社出版品的性质，在指示新潮底趋向，测定潮势底迟速，一面为信仰不坚者袪除根本上的疑惑，一面和海内外同志图谋精神上的团结。各书或编或译，都经严加选择，内容务求确实，文章务求畅达。这一点同人相信必能满足读者底要求，特在这里慎

---

① 《新青年》第九卷第五号。

重声明。"①

这只是一个出版宗旨和任务的声明。另外,通告能登载在这一卷上,说明出版社已经成立,工作业已开展,通告同时还列出了计划出版或已出版的图书书目,其中"马克思全书"15种,已出的有《工钱劳动与资本》《共产党宣言》《资本论》3种;"列宁全书"14种,已出有《劳农会之建设》《讨论进行计划书》2种,另《列宁传》《国家与革命》《共产党星期六》3书正在印刷中;"康民尼斯特丛书"(即"共产主义者丛书")11种,已出有《共产党底计划》《俄国共产党党纲》《国际劳动运动中之重要时事问题》3种;其他书籍9种,一共是49种图书。已出版的就有8种,8种图书的定价标得也很清楚,如再加上正在印刷中的3种,一共已有11个品种的图书在运作。由此我们可以断定,在刊登通告之时,人民出版社就已开张多日。我们虽不能准确判断为某一日,但7月底召开党的一大,8月份出版社成立,9月1日发布"通告"也就顺理成章了。所以,用《新青年》的出版时间来作为人民出版社的成立时间是不对的。

李达离开后,人民出版社停办了吗?

很多人认为,1923年李达与陈独秀意见不和离开党中央后,人民出版社随之也就停办了,这也是后来很多人据此认为1921

---

① 《新青年》第九卷第五号。

年的人民出版社与 1950 年复建的人民出版社没有关联的一个重要理由。这其实是对历史的不了解，人民出版社并没因李达离开而消失。为避免人民出版社的出版业务受到损害，李达走后，陈独秀迅即将其迁往广州，交于自己的挚友苏馨甫来接管，并将其与新青年社合并以减少开支，这也充分表达了我们党对出版工作的高度重视。

李达离开中央后，宣传工作先后由蔡和森、瞿秋白负责。1923 年的 11 月 1 日，出版社因广州偏僻，工作、经费都很困难，党的工作中心又一直在上海，身边没有自己的出版机构实在不便，遂决定将出版社仍迁回上海，在南市小北门民国路租房，广州另成立平民书社。为便于公开经营，这时迁回的出版社不能再称人民出版社或新青年社，而改为上海书店，并在报上公开声称"我们要想在中国文化运动史上尽一分责任，开设这一个小小的书铺子，我们不愿吹牛，我们也不敢自薄，我们只有竭我们的力设法搜求全国出版界关于这个运动的各种出版物，以最廉价格贡献于读者之前，这是我们愿负而能负的责任。现于民国十二年十一月一日起先行交易，待筹备完善后，再正式开幕"。

上海书店"广告""启事"

上海书店是人民出版社和新青年社的延续，也是由党中央直接领导的第一次对外公开挂牌的出版社。为此，广州新青年社的苏馨甫经理亲自到沪与上海书店的负责人徐白民进行钱、财、物等方面的移交手续，原人民出版社所有留存图书和在广州代售的遗留欠账都交出上海书店接管。[1] 书店开始是利用在梅白格路（今新昌路）西福海里的一个私营印刷所——明星印刷所代理印刷发行，负责人是徐梅坤[2]。后中央决定到闸北香山路香兴里自己

---

[1] 徐白民：《上海书店回忆录》，载《中国现代出版史料·甲编》，中华书局 1954 年 12 月版，第 63 页。

[2] 吴贵芳：《记党的早期印刷工作和第一个地下印刷厂》，载《中国出版史料·补编》，中华书局 1957 年 5 月版，第 270 页。

办了一个国民印刷所,由倪忧天同志负责[1]。

上海书店起初资金困难,主要是重印人民出版社和新青年社的出版物,经过一年左右的困难周转期,书店运营逐步走向正轨,到1924年下半年,开始有了自己的新书出版,"《社会科学讲义》,装帧印刷都相当讲究,内容都是上海大学关于这方面的讲稿整理出来的:哲学是瞿秋白同志写的,《世界劳工运动史》是施存统同志写的……关于《经济思想史》是安体诚同志写的……"[2]上海书店专门经销马克思主义著作等革命书刊和印行党的所有对外宣传刊物。如陈晓风(陈望道)译《共产党宣言》,党的机关刊物《向导》《中国青年》等。1925年3月中国民主革命的先行者孙中山先生去世,为"借追悼会做广大的宣传,尤其要紧的是根据中山遗言做反帝及废约宣传"[3],上海书店紧急编辑印行了《中山遗言》。8月,李春藩(柯柏年)译《哥达纲领批判》作为"解放书丛"第一种在上海书店出版,印数2000册,很快销售一空。[4]为避免反动当局的注意,转移敌人视线,同时也为了增加点收入,书店还代销上海其他各书店(如民智书局、亚东图书馆、新文化书社等)的图书及一些文具用品。1925年

---

[1] 徐白民:《上海书店回忆录》,载《中国现代出版史料·甲编》,中华书局1954年12月版,第64页。

[2] 徐白民:《上海书店回忆录》,载《中国现代出版史料·甲编》,中华书局1954年12月版,第63页。

[3] 《中央通告第十九号》,载《中共中央文件选集》第一册,中共中央党校出版社1982年2月版,第328页。

[4] 胡永钦、狄睿勤、袁延恒:《马克思恩格斯著作在中国传播的历史概述》,载《马克思恩格斯著作在中国的传播》,人民出版社1983年版,第269页。

冬，中央派毛泽民同志到上海，任中央出版发行部经理，专门负责上海书店的图书秘密发行工作。同时积极在各地建立发行机构，如长沙文化书社、湘潭书店、南昌明星书店、广州国光书店、潮州韩江书店、太原明星书店、安庆新皖书店、青岛书店、重庆新署书店、宁波书店、海参崴五一书店。此外，在巴黎还设有一书报社，香港设一代售处，专门负责销售上海书店的出版物。这样就形成了以上海书店为中心的马克思主义著作和革命书报的发行销售网。[1]1926年，军阀孙传芳打进上海，2月4日以"印刷过激书报，词句不正，煽动工团，妨碍治安"等罪名将上海书店查封。[2]

关于长江书店及华兴书局

上海书店被封闭后，出版工作全部转入地下。1926年9月，北伐军攻占武汉，年底为适应革命形势的发展，中共中央把临时机构迁至武汉，并决定在武汉筹设长江书店。上海书店被反动政府查封后，不少人员被派到武汉。如上海书店印务局的倪忧天同志被调到汉口筹办长江书店印刷厂，并将崇文堂印务局在鸿祥里分部的机器全部搬至汉口。原上海书店负责人徐白民受命前往武

---

[1] 胡永钦、狄睿勤、袁延恒：《马克思恩格斯著作在中国传播的历史概述》，载《马克思恩格斯著作在中国的传播》，人民出版社1983年版，第268页。
[2] 《上海出版志》编纂委员会：《上海出版志》，上海社会科学院出版社2000年2月版，第245页。

汉筹备长江书店，因病改派苏馨甫负责。而苏馨甫正是原人民出版社和广州新青年社合并后的负责人、出版社的经理，后在广州主持平民书社。1926年12月7日《申报》登载了长江书店的开业广告："……继续上海书店营业。店址设在汉口后城马路下首（今中山大道）长江书店便是，已于十二月一日正式开幕，特此广告，祈各界注意。附设向导周刊社、新青年社、中国青年社总发行所，批发零售一切革命书报。所有上海书店从前对外账目改由本店全权清理。"

长江书店开张时，"所有上海、广州运去的书刊，三天之内完全卖罄，因添配的书接应不上，曾经一度'拉铁门'，其盛况可以想见"[①]。长江书店除销售、重印人民出版社、新青年社、上海书店的部分书刊外，还出版了大量的新书。3月8日，为纪念国际劳动妇女节，长江书店出版了《赤女杂志》创刊号，登载了列宁在莫斯科女工大会上的演说。

1927年4月6日，党又将原上海书店的一部分改为上海长江书店，"受向导社、新青年社、中国青年社委托"，"经售一切革命书报"。1927年4月12日，蒋介石在上海悍然发动反革命政变，大肆逮捕和屠杀共产党人。4月27日，中共中央召开五大，会议的中心议题是确定党在紧急时期的任务。但是对于无产阶级如何争取革命领导权，如何领导农民实行土地革命，如何对

---

① 徐白民：《上海书店回忆录》，载《中国现代出版史料·甲编》，中华书局1954年12月版，第67页。

待武汉政府和武汉国民党，特别是如何建立党领导的革命武装等问题，都没有根据当时的危急局势提出有效的具体措施。会议新设置了中央出版局，由中央候补委员张太雷任局长，直接领导长江书店的工作。7月，汪精卫控制的国民党武汉政府也公开反共。长江书店在汉口、上海的门店被国民党反动派先后封闭。

上海长江书店启事

大革命宣告失败，党的组织遭到极大的破坏，党中央和各级组织被迫转入地下，继续进行不屈的斗争。八七会议后，临时中央从汉口又迁回上海，宣传、出版由郑超麟负责，出版局撤销。1928年党中央又在上海成立了地下出版社"无产阶级书店"，在白色恐怖的严酷环境里，无产阶级书店出版了《列宁论组织工作》等马克思主义书籍，以及共产国际和党的一些文件。

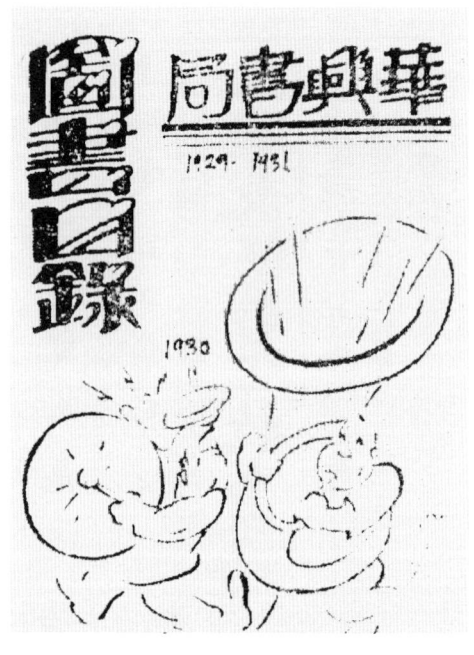

华兴书局（1929—1931）《图书目录》封面

1929年无产阶级书店遭封闭，又成立了华兴书局，继续出版发行马克思主义理论书籍和党的重要文件。1930年3月，华兴书局在极艰难的情况下翻译出版了相当一批马克思主义经典著作和有关俄国革命的书籍,对马克思主义的深入传播和鼓舞人民的革命斗志,推动革命形势的发展起到了积极的作用。特别是华岗译《共产党宣言》,这是我们党成立后组织出版的第一个《共产党宣言》全译本。内容包括《共产党宣言》及《1872年序言》《1883年序言》《1890年序言》三个德文版序言,首次与我国读者见面。书中还附有恩格斯亲自校阅的《共产党宣言》1888年英文版全文,采用英汉对照形式出版《宣言》在我国还属首次,也是我国最早出版的英文版《共产党宣言》。

华兴书局在"致读者"中说:"一年多的艰苦岁月,在人力上,在财力上,尤其是客观环境的应付上,我们都遇着了不少的困难与阻碍。然而我们仍然本着勇往迈进的精神,竭诚为读者们服务。因为这是我们经营书业的天职,是我们应负的责任与我们应尽的义务。"①

关于北方人民出版社的问题

1931年,中央政治局候补委员、参与领导中央特科工作的顾顺章、中央政治局党务委员会主席向忠发先后被捕叛变,对党在白区的工作造成极大的危害与损失。党在上海设立的书店也不断遭到敌人的查封和打压,加上北方各省很难看到党中央在上海秘密出版的革命书刊。为了宣传马列主义和党的主张,党曾多次

---

① 载于1930年华兴书局图书目录,藏中共中央编译局图书馆。

在北京、天津等地寻找合适的出版地点，未果。

1931年9月，党闻悉在保定有我们的地下党同志与协生印书局的经理认识，遂先试印了两本书：一本是上海书店版张伯简译《各时代社会经济结构原素表》；一本是华兴书局版瞿秋白著《社会科学概论》，但把封面改印成了布浪得尔著、杨霞青译《社会科学研究初步》，以搞混敌人耳目。两本书试印取得成功，于是决定在保定继续搞下去。这"就需要确定出版社的名号，以示对读者负责。经过再三地考虑和斟酌，由于一九二一年——二二年的人民出版社对读者是很有影响的，而且有些北方的青年们对新生读书社（新生社，河北鏖尔［Our之译音］读书会之前身）是熟悉的，于是，就确定了出版为人民出版社，发行为新生书社——凡封面或扉页上都印着人民出版社出版，新生书社发行；凡版权页上都印着出版者人民出版社，发行者新生书社。但后来，由于白色恐怖，为了避免国民党反动派的查禁、检扣，有时封面就需要以伪装的形式出现，封面、扉页和版权页上有时就排印着别的名号，如：人民书店、北国书社、新光书店等等。"

党的保属特委命地下党员王辛民（后改名王禹夫）负责出版社的工作。人民出版社主要任务"绝大部分是将党以前的出版机构，如人民出版社、新青年社、平民书社、中国青年社、上海书店和华兴书局、启阳书店（春耕书店）、无产阶级书店等等优良出版物，加以重新校订排印，此外，也编审出版了一些新的书稿"。当时，这些优良出版物的来源，主要由三个方面提供：一是保定群玉山房及世界图书馆的经理苏馨甫保存的一批图书，二是北平的党组织帮助搜集了一批，三是上海党组织陆续寄来的出版物，后来并直接"寄些排印的纸型来"。①

人民出版社与华兴书局保持着密切联系，人民出版社新出的书"除供应北方读者外，同时还寄发上海方面，而上海方面也将上海排印的纸型和新出版的书刊寄给北方人民出版社，相互交流，扩大影响，并且可以节省排版工资和缩短出版时间"。②人民出版社还将华兴书局出版的图书，通过秘密渠道，直接运往华北地区销售，是华兴书局在华北地区的一个重要发行处。在王辛民保存下来的当年图书中，就有华兴书局提供的1930年的华兴书局图书目录③。

北方人民出版社坚持了约一年。这一时期，北方人民出版社重印和新编图书有五六十种，分"左翼文化丛书"、"人民文化丛书"（又称"大众文化丛书"）等，据丁珉回忆，新中国成立以后保存下来的图书版本就有20多种④。

1932年7月，国民党反动当局镇压保定学潮，王辛民被通缉，北方人民出版社的社务被迫暂停，王辛民被调至北平，市委

---

① 辛垦：《忆北方人民出版社》，载《中国出版史料·补编》，中华书局1957年5月版，第299—301页。
② 丁珉：《忆北方人民出版社》，载《中国现代出版史料·乙编》，中华书局1955年5月版，第21页。
③ 王辛民于1996年1月3日去世。1998年，家属将其藏书2万余册全部捐献给中共中央编译局图书馆。
④ 丁珉：《忆北方人民出版社》，载《中国现代出版史料·乙编》，中华书局1955年5月版，第19—21页。

唐锡朝（即唐明照）等负责同志要求他继续负责北方人民出版社的工作。随后，北方人民出版社又在北平出版了列宁的《苏联革命过程中的农业问题》等书。

中央苏区为什么没有人民出版社

有人提出，第一次国内革命战争时期，1931年年底在江西瑞金成立的中华苏维埃共和国中央出版局，除负责审批各部门申报出版发行的报刊书籍、指导下级出版单位的业务工作外，还编辑出版了一些书籍，是中央苏区具体从事出版发行工作的机构，和人民出版社有组织沿革关系吗？人民出版社为什么没有在中央革命根据地重建？

1931年11月，中国共产党在江西瑞金根据地召开中华苏维埃第一次全国代表大会，选举产生了中华苏维埃共和国临时中央政府，并设立中央出版局，也就是今天新闻出版总署的前身，局长朱荣生，后由张人亚继任。中央出版局负责苏区根据地新闻出版书报刊的审定管理和发行，它是一个管理机构，是苏区政府的一个部门，因苏区没有成立出版社，做了一些图书的编印，但和人民出版社没有组织上的沿革关系。

在20世纪20年代末到30年代初的这一段历史时期，是中国共产党成立90年中所面临的最艰难困苦的时期，也是面临生死存亡的最关键时期。"中央苏区地处国民党白色恐怖政权的包围之中，从1930年起，蒋介石就先后调动了十几万、几十万、上百万大军，对这块红色区域进行了五次大规模的军事围剿，并长期实行经济封锁。在这种严酷的斗争形势下，中央苏区的党、政、军、群机关和广大的工农群众，便不得不把争取革命战争的胜利，粉碎敌人进攻放在一切工作的首位"[1]，开始，党中央并没在瑞金，仍在上海坚持斗争，所以也没有在苏区成立出版社。国民党反动派的白色恐怖，军事"围剿"、文化"围剿"，使得原在上海的党的中央首脑机关不得不于1933年年初转移到苏区，出于斗争的需要，新创办了《斗争》杂志。

在红色政权存在的三年间（1931.11—1934.10），中央苏区根据地已有如铁桶，被国民党的军队团团围住，因条件所限，机器设备、纸张油墨，都无法从外界运进。为适应斗争的环境和实际的需要，除中央苏区政府机关报《红色中华》、党中央机关刊物《斗争》杂志外，苏区没有再能设立专门的正规图书出版发行机构，故中央苏区这一时期的书刊都是由各主管部门自己分头署名出版印行的。一来是为了简化机构，二来也发挥了各单位的枳极性，如中央出版局，中央教育人民委员部编审委员会，中央教育人民委员部编审局、艺术局，地方苏维埃政府的编审出版机构，工农剧社编审委员会，工农美术社，马克思主义研究总会编译部、文化研究组，马克思共产主义学校编审处，中

---

[1] 严帆：《中央苏区新闻出版印刷发行史》，中国社会科学出版社2009年9月版，第482页。

苏区中央印刷厂的简陋设备

共中央局党报委员会、中央革命军事委员会出版局、中央革命军事委员会编译委员会、中华苏维埃共和国中央军事政治学校编审出版科、中国工农红军学校出版科、中国工农红军卫生学校出版科、中国工农红军大学出版科等单位都编辑出版了一批图书。中央苏区的出版印刷设备非常简陋，条件极其艰苦，大量图书是靠刻写蜡纸油印而成的。在敌人的严密封锁和不断"围剿"下，苏区仍然出版了成百上千种图书，为宣传党和苏维埃政府的各项政策、指导根据地各项建设、发展苏维埃文化教育事业作出了重要贡献。

1950年是"成立"还是"重建"

1950年8月18日至9月10日,全国新华书店召开第二届工作会议,通过《关于成立人民出版社的决定》,规定以出版总署编审局的一部分和新华书店总管理处、总分店和一部分省分店的编辑出版部门为基础,分别成立中央的或地方的人民出版社。中央的人民出版社,由出版总署直接领导;地方人民出版社,受地方出版行政机关领导和上级人民出版社的领导或指导。为什么该文件规定人民出版社是"成立"而不是"重建"?

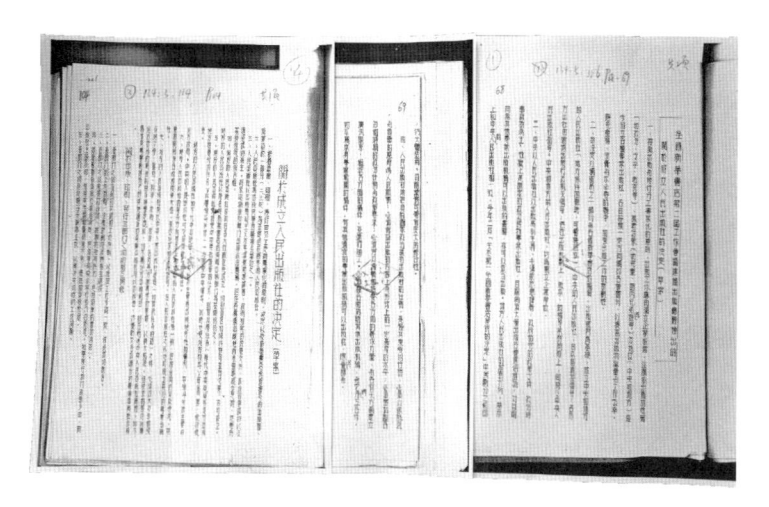

《关于成立人民出版社的决定》(草案)

《关于成立人民出版社的决定》是个很重要的文件,人民出版社是党和国家的出版社,此文件虽未提及为什么要将其定名为

"人民出版社",而不用其他同样有影响的出版社名称来定名,如解放社、生活·读书·新知三联书店、中国出版社、中华书局、商务印书馆等,就是因为我们党是为人民而诞生,也是为人民而努力奋斗的,在建党时就已明确将"人民出版社"作为我们党中央的直属出版机构。所以全国解放后,重新确认"人民出版社"作为我们党和国家最重要的出版机构的名称是顺理成章、水到渠成的,不存在"成立"还是"重建"的争议问题。

人民出版社的历史不是一个简单延续和沿革,因为它是在一种特殊的环境里诞生的我们党的一个最权威的出版机构,在1949年夺取政权前,除了两次短暂的国共合作,党一直处于艰难的地下秘密状态。所以,作为党直接领导的出版机构也不可能平稳安定,既要很好地完成党在各个时期的宣传出版任务,同时又要时刻躲避反动当局的检查、封门和搜捕!这就需要不断地改变斗争的艺术及工作的方式方法。在那白色恐怖的艰难环境里,共产党人冒着生命危险和资金的匮乏,面对反动派的搜捕与屡屡破坏,想尽各种办法,包括不断地更换出版社的名称,始终坚守着自己的理想信念与阵地,只要我们认真学习一下党的历史,特别是20世纪二三十年代党的历史,就好理解,我们党为什么没能用"人民出版社"这个响亮的品牌从开始创立一直坚持到夺取全国的最后胜利了。[①]

---

① 陈有和:《与党同行的人民出版社》,载《北京党史》2011年第3期。

我们党的主管宣传出版战线的领导，始终没有忘却建党初期人民出版社所作出的重大历史贡献及其影响力。所以在全国胜利后，新中国一成立，1950年确立党和国家出版社的社名时又恢复沿用了"人民出版社"这个响亮的品牌。毛泽东主席亲笔为人民出版社题写了社名，突显了对人民出版社的重视和人民出版社在党的宣传舆论阵地中的重要位置。

虽然从表面形式上看，党的一大后创建的人民出版社与新中国成立后设立的人民出版社在时间链条上断开了，但作为党赋予人民出版社宣传马克思主义，宣传我们党的主张、方针任务，在这一特殊的时期里始终没有断线，党的出版阵地并没有丢，只是需要经常做一些战略和战术上的调整与转移。即使是在非常艰难的条件下，在广州、在武汉、在重庆、在保定、在北平、在延安，我们的党、我们的革命出版人依然思念着"人民出版社"这个品牌，不时地还在用这个品牌出版革命书籍来激励共产党人和进步人士、鼓舞全国人民去夺取胜利。[①] 正如丁珉对北方人民出版社回忆评价说："这个出版社后于广州的人民出版社10年，其传统的精神与实质，是连续的、一贯的。"可以说，人民出版社前30年的历史，是我们党的出版工作在革命战争最艰苦的岁月里一个接力棒传递的过程。

[①] 陈有和:《如何看待人民出版社的建社历史》（上、下），上海《出版博物馆》2011年第1期、第2期。

中共二大与人民出版社[①]

2011年,人民出版社组织自己的员工,分四批从北京前往上海老成都北路七弄30号的中共二大会址纪念馆,也是一大、二大代表李达在上海的故居进行参观、寻根问祖,以庆祝中国共产党建党90周年和人民出版社创建90周年。对人民出版社的历史,本人先后发表过数篇文章,2011年是中共二大召开90周年纪念,随着对大量资料的深入研读,越发感到有不少的问题需要进一步探究和厘清。

人民出版社的创立时间

为了尽快将马克思主义的思想传播到中国来,党的一大通过决议,"一切书籍、日报、标语和传单的出版工作,均应受中央执行委员会或临时中央执行委员会的监督。每个地方组织均有权出版地方通报、日报、周报、传单和通告。一切出版物,不论中央的或地方的,均应在党员的领导下出版。任何出版物,无论

[①] 本文为原中共中央党史研究室第一研究部、中共上海市委党史研究室、中共上海市静安区委员会、中国共产党历史网、上海市中共党史学会、中共二大会址纪念馆2012年7月联合举办的"纪念中共二大召开90周年学术研讨会"入选优秀论文,发表时略作修改。原载于《出版发行研究》2012年第11期。

是中央的或地方的，都不得刊登违背党的原则、政策和决议的文章。"①党中央决定创建自己的出版机构——人民出版社，以加速对马克思列宁主义及俄国十月革命的有关著作的翻译出版。中央局工作部仅有三人，中央局书记是陈独秀，组织主任张国焘，宣传主任为李达。陈独秀此时不在上海而在广州，连党的一大也没能参加，只派了代表包惠僧。中央局组建"中国劳动组合书记部"，张国焘任书记部主任，负责公开领导工人运动。所以，会后组建出版社的任务责无旁贷地落在了负责抓宣传的李达身上。

李达，名庭芳，字永锡，号鹤鸣。1890年10月2日诞生于湖南永州，5岁开始随父亲识字，7岁拜胡燮卿先生为师，15岁考入永州中学并获得公费待遇。1913年以优异的成绩考取了湖南省的留日官费生。李达在日本受到进步思想的影响，放弃了原定的理科专业，而改专门攻读马克思主义，并拜著名学者河上肇为师。从1918年秋至1920年夏，李达翻译了涵盖马克思主义三个组成部分内容的《唯物史观解说》《马克思经济学说》《社会问题总览》。1920年夏，他怀着"回国找寻同志来干社会革命"②的目的，从东京回到上海，与陈独秀取得了联系，同陈独秀、李汉俊等七人发起成立了中国共产党在上海的第一个早期组织，担任《新青年》编辑，11月创办及主编中国共产党的第一个机关刊物

---

① 《中国共产党的第一个决议》，载《"一大"前后》（一），人民出版社1980年7月版，第12—13页。

② 《李达自传》，1956年3月。见中共中央组织部李达档案。

《共产党》月刊。

李达具有丰富的马克思主义理论及编辑工作经验，同时又身任党的中央工作部宣传主任，人民出版社的具体工作自然就由李达来负责，并亲自操办出版社的一切事务。一大北京代表刘仁静是参会代表里最年轻的，积极性也高，会后暂时没走，留下来帮助筹办中央工作部，顺便协助李达筹建出版社。据李达本人后来回忆，中央工作部"并无工作人员。只有宣传工作方面雇了一个工人作包装书籍和递书籍的工作"，出版社"由我主持，并兼编辑、校对和发行工作"[①]，经费不够，靠给商务印书馆写稿拿点稿费来补贴。热情高涨的李达很快就在应于9月1日出版的《新青年》第九卷第五号上刊出了"人民出版社通告"，上有书目49种，并强调"以上各书，已有十种付印，其余的均在编译之中，准年内完全出版。购读者请直接寄函本社接洽。寄售处全国各国（地）各新书店。"可见，此时9月1日之前出版社已经成立并展开了工作。[②]

人民出版社分为两部分

帝国主义和军阀视马克思主义的传播为"洪水猛兽"，人民出版社的创建与开展都是秘密进行的。为便于工作，也便于隐

[①] 李达：《中国共产党的发起和第一次、第二次代表大会经过的回忆》，载《"一大"前后》（二），人民出版社1980年8月版，第3、14页。
[②] 陈有和：《关于人民出版社建社历史的再探讨》，载《中国出版》2011年10月上第19期。

蔽，李达以家为社，将人民出版社的社址设在上海南成都路辅德里625号（现老成都北路七弄30号），也就是李达自己的家里。人民出版社的工作都是在自己的家里完成的。由于党处于地下活动状态，为了保密，同时也为了迷惑敌人，在出版物的封面及版权页上的出版社名标注的都是"广州人民出版社印行"，社址则是印的"广州昌兴新街26号"，即当年2月刚从上海南迁过来的《新青年》杂志社的社址。这时的广州是孙中山领导的国民政府，陈独秀又应广东省长、粤军总司令陈炯明之邀在政府里兼任省教育行政委员会委员长，相比于上海由北洋军阀控制的政府要宽松一些。1922年7月，社址又改迁至其隔壁，"广州昌兴马路28号"。"广州人民出版社"应是设在广州的"人民出版社"，而不应理解为全称"广州人民出版社"的出版社。

当时，《新青年》杂志社的经理是苏馨甫（新甫），安徽安庆苏家户人，是陈独秀的老乡。早年就追随陈独秀参加革命，陈独秀办《安徽俗话报》时，苏馨甫就在安庆为他做发行。《新青年》创办后，苏馨甫任新青年社经理。1921年2月，《新青年》遭查封，被迫从上海迁至广州。除《新青年》外，后《每周评论》《向导》的发行他也负责。1926年又参与经办中共汉口长江书店。1927年"四一二"事件后，安徽省清党委员会派军警对苏馨甫在安庆的新市巷住宅进行搜查。"七一五"武汉清党，大革命失败，不是中共党员的苏馨甫在外躲了两年。由于生活艰苦，后得了肺病才回到家中调养。1936年病故于安庆新市巷寓中。

1921年人民出版社初创时的"编辑部"旧址

由于有陈独秀和苏馨甫在广州，所以李达才会想到，人民出版社出版的书，在封面和版权页上将出版单位和地址都标注为广州来迷惑反动政府的检查。另外，人民出版社的图书发行任务很重，所出图书除党内需要外，更重要的是要向全社会进行广泛宣传，他一人也很难全部完成，需要有一个公开的发行机构来作为支持。人民出版社这时实际上分为两部分，人民出版社的编辑部、出版部是在上海，由李达秘密主持。而发行部设在广州，这是公开的。人民出版社的主要工作都是在上海完成的，包括编辑与印制、发行，但上海的工作毕竟是以地下形式秘密进行的，特别是与全国各地党内同志的联系及文件的传递都是由李达一人来做，不宜将其地址对外公开。所以出版的图书，党内需要的秘密发行均在上海完成，而对社会的公开发行、宣传，出版社的读者邮购就放在了广州，包括书款账目均由新青年社的人来代替人民出版社办理。这也是后来李达离开党组织后，陈独秀为避免人民出版社的出版工作没有人做而受到损害，遂迅即将其迁往广州，交予苏馨甫负责并与《新青年》社暂时合并的重要原因。在二大上接替李达当选为宣传主任的蔡和森在其1926年撰写的《中国共产党史的发展——中国共产党的发展及使命》（提纲）中明确提到，党在成立后的初步工作共有八项，其中"（6）人民出版社，设在广东，为我党言论机关，出版了很多书籍，对思想上有很大的影响"[1]，就是个很好的说明。罗章龙在其回忆中也谈书稿"送给广州人民出版社出版"[2]。

人民出版社实际出书情况

1921年11月，为迎接党的二大召开，陈独秀签发党中央的第一个通告，明确提出"中央局宣传部在明年七月以前，必须出书（关于纯粹的共产主义者）二十种以上"。由于中央局宣传部就李达一人，而人民出版社也是李达一人负责，所以，对中央局宣传部的要求，实际上就是对人民出版社的要求，也是对李达工作任务的要求。

---

[1] 蔡和森：《中国共产党史的发展（提纲）》，《"一大"前后》（三），人民出版社1984年6月版，第74页。
[2] 罗章龙：《回忆北京大学马克思学说研究会》，载《"一大"前后》（二），人民出版社1980年8月版，第193页。

为此，李达在由陈独秀主持出版的《新青年》杂志第九卷第五号上公开发布"人民出版社通告"，简述创社宗旨与任务："近年来新主义新学说盛行，研究的人渐渐多了，本社同人为供给此项要求起见，特刊行各种重要书籍，以资同志诸君之研究。本社出版品的性质，在指示新潮底趋向，测定潮势底迟速，一面为信仰不坚者祛除根本上的疑惑，一面和海内外同志图谋精神上的团结。各书或编或译，都经严加选择，内容务求确实，文章务求畅达。这一点同人相信必能满足读者底要求，特在这里慎重声明。"

此期杂志虽标明9月1日出版，但里面却有在11月完稿的文章，实际出版应是在11月后。此通告还列出了计划出版或已出版的图书书目，其中《马克思全书》15种，已出的有《工钱劳动与资本》《共产党宣言》《资本论》3种；《列宁全书》14种，已出有《劳农会之建设》《讨论进行计划书》2种，另《列宁传》《国家与革命》《共产党星期六》3书正在印刷中；"康民尼斯特丛书"（即"共产主义者丛书"）11种，已出的有《共产党（底）计划》（通告漏一"底"字）、《俄国共产党党纲》、《国际劳动运动中之重要时事问题》3种；其他书籍9种。一共是49种，比起陈独秀对中央局宣传部的要求"必须出书（关于纯粹的共产主义者）二十种以上"，竟多出一倍多，由此掀起了我们党历史上第一个出版马克思主义著作的高潮，也表明了李达认真落实中央决议，并想超额完成任务的满腔热情。此时，一大会后被留下，并协助李达筹办人民出版社的北京代表刘仁静已于10月中离开了上海。

至1922年6月底，由于实际的能力和翻译水平有限，中共中央执行委员会书记陈独秀在给共产国际的报告中提到，人民出版社实际共出书12种，其中"马克思全书"2种，《共产党宣言》《工钱劳动与资本》；"列宁全书"5种，《列宁传》、《劳农会之建设》、《讨论进行计划书》（即《论策略书》）、《劳农政府之成功与困难》、

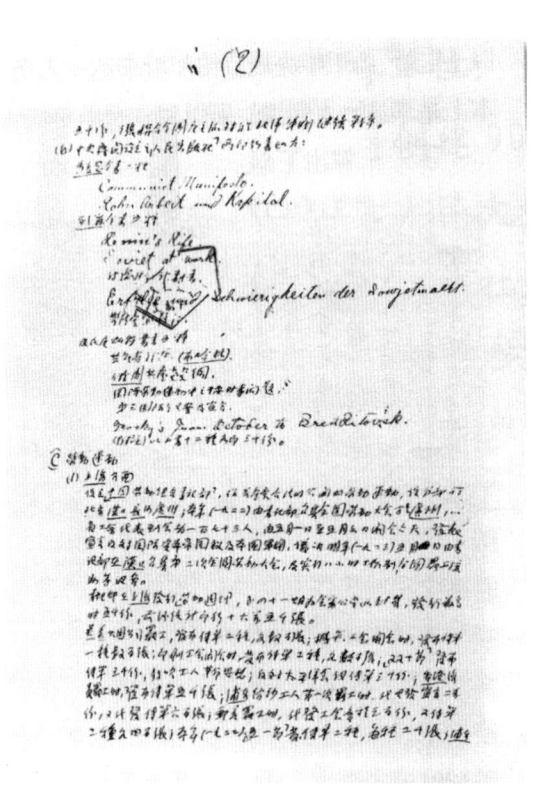

陈独秀1922年6月给共产国际的报告（手稿）

《共产党礼拜六》(即人民出版社通告中的《共产党星期六》);"康民尼斯特丛书"5种,《共产党底计划》(布哈林)、《俄国共产党党纲》、《国际劳动运动中之重要时事问题》、《第三国际议案及宣言》、《俄国革命纪实》(托洛茨基)。以上12种各印3000份。

为了纪念马克思诞辰104周年和声援各地工人群众与革命斗争,出版社先后印发了大量纪念品和宣传品,并在5月5日编辑出版了《马克思纪念册》,这是在我国出版的第一本马克思纪念册,封面套红,印有马克思的半身像,内含《马克思诞生一百零四周年纪念日敬告工人与学生》,号召学习"马克思做一个苦战奋斗的战士";节选威廉·李卜克内西的《马克思传》介绍了马克思的生平活动及事业;《马克思学说》简要叙说了马克思关于剩余价值、唯物史观和阶级斗争的学说。纪念册发行达2万册,在全国产生了重大影响。

到中共二大召开时,人民出版社已出版图书达15种。1922年7月1日出版的《新青年》第九卷第六号上登载了人民出版社的"出版新书"广告,详细列出了已出版图书的信息。马克思全书3种:《共产党宣言》定价一角,《资本论入门》定价一角,《工钱劳动与资本》定价一角八分。"列宁全书"5种:《劳农会之建设》定价一角六分,《讨论进行计划书》定价一角(即《论策略书》),《共产党礼拜六》(即人民出版社通告中的《共产党星期六》)定价一角二分,《列宁传》定价二角,《劳农政府之成功与困难》定价一角二分。"康民尼斯特丛书"4种:《共产党底计划》

定价三角，《俄国共产党党纲》定价一角，《国际劳动运动中之重要时事问题》定价三角，《第三国际议案及宣言》定价四角。其他书籍3种：《劳动运动史》定价一角，《俄国革命纪实》定价三角五分，《两个工人谈话》定价一角。共计15种。广告在结尾特别强调："以上各书，均已出版。"

初期的人民出版社到底出版了多少种图书，很多人都以此下结论，说只出了15种，连李达本人在新中国成立以后的模糊回忆中也说"只出版了15种，如《第三国际议案及宣言》《国家与革命》《共产党宣言》《苏维埃论》《共产党星期六》《哥达纲领批判》等书"[1]。其实，我们把有关的资料细细梳理，发现实际上并不止此，除以上"出版新书"广告列出的15种外，据《第一次国内革命战争时期出版物简目》载，当时人民出版社还出版了《李卜克内西纪念》《太平洋会议与吾人之态度》等书。[2] 加上在《新青年》第九卷第五号上人民出版社发的"通告"中早已标明"印刷中"的列宁《国家与革命》，马林在1921年7月11日《给国际执委会的报告》中也提到"党从事翻译和出版共产主义文献，列宁的《国家与革命》已由一位中国同志译成中文并出版"[3]，李达本人回忆中还提到《苏维埃论》《哥达纲领批判》，

---

[1] 李达：《中国共产党的发起和第一次、第二次代表大会经过的回忆》，载《"一大"前后》（二），人民出版社1980年8月版，第14页。

[2] 张静庐辑注：《中国现代出版史料·甲编》，中华书局1954年9月版，第68页。

[3] 马林：《给国际执委会的报告》，载《"一大"前后》（一），人民出版社1980年7月版，第423页。

共计应是20种。另据罗章龙回忆，"我还将德文版《震撼世界的十日》翻译过来，作为学会的学习资料，后来送给广州人民出版社出版"[①]。如再算上《马克思纪念册》，那就应是22种。不过我们今天能看到的当年版本只有上海中共一大会址纪念馆收藏的《工钱劳动与资本》《劳农会之建设》《讨论进行计划书》《共产党礼拜六》《列宁传》《劳农政府之成功与困难》《共产党底计划》《俄国共产党党纲》《国际劳动运动中之重要时事问题》《第三国际议案及宣言》《劳动运动史》《李卜克内西纪念》12种和北京国家图书馆收藏的《两个工人谈话》《李卜克内西纪念》2种，以及中共中央编译局收藏的《工钱劳动与资本》1种。其中，《李卜克内西纪念》为上海一大会址纪念馆和北京国家图书馆各收藏1册，《工钱劳动与资本》为上海一大会址纪念馆和中共中央编译局各收藏1册，如再加上《马克思纪念册》，共计应是14种，16册。

此外，为声援香港海员大罢工和上海英美烟草公司、浦东纺纱工人罢工，及时印发了大量文章、传单。这些宣传品战斗性很强，有力地配合了党的宣传工作。李达亲自创办的《共产党》月刊第六号也改由人民出版社来发行。1921年7月7日，《共产党》月刊出版六期后，在共产国际代表马林的建议下停刊，并入《新青年》。马林对年轻的中国共产党的发展状况很不满意，在宣传

[①] 罗章龙：《回忆北京大学马克思学说研究会》，载《"一大"前后》（二），人民出版社1980年8月版，第193页。

上，认为《新青年》与《共产党》两个杂志"内容相同"，集中力量办一个就可以了。但李达本人回忆说，一大后，9月份陈独秀回到上海继续主持《新青年》，他自己继续编辑《共产党》月刊，作为秘密宣传刊物（从第三期起至第七期止）。1922年6月30日，时任中共中央执委会书记陈独秀也在给共产国际的报告"关于将来计划"部分的政治宣传中提出"发行《共产党半月刊》，专门讨论世界的及本国的政治经济问题"，看来是有计划想要再办下去，并变成半月刊，但最终却未能实现。

二大的不快导致出版工作停滞

1922年7月，中国共产党第二次全国代表大会在上海南成都路辅德里625号召开，会议制定了彻底的反帝反封建的民主革命纲领，并通过了要同国民党建立民主联合战线的决议案。同时也进一步研究了马克思主义的宣传和出版工作问题。

中共二大第一天是在李达的家里开的，李达主持小组会议，张国焘同在一组，讨论时取得一致意见，但到大会汇报时，张国焘却突然发难，进行大肆批评，李达非常不快，当即愤然反驳。在党的二大选举的时候，李达根据一年多来在中央工作的情况和经验，认为自己还是专门从事研究和写作比较合适。共产国际代表马林和赤色职工国际代表尼可洛夫（又译尼可尔斯基）在几乎每周听取中共中央执行局工作汇报时，李达就很反感，"我的报告很简单，因为每一星期不能有书出版，再则我虽是宣传主任，而实际只是一个著作者和编辑"。①他立志"要专心于马克思主义的研究，不愿分心于它务"②，还准备回湖南老家去教书，于是主动请求不再担任宣传工作，辞去了宣传主任的职务。会上，张国焘乘机打击报复，陈独秀对李达的工作也颇为不满，中央原定的出版计划也未能如期完成。会议通过决议，选举新的中央执行委员，最终李达落选，面对此种情况，李达决定还是专心去研究理论的好。

会后，情绪低沉的李达应毛泽东之邀前往长沙担任何叔衡、毛泽东创办的湖南自修大学的学长（即校长），主持校政、教学，编写教材并亲自给学生上课，还兼任了校刊《新时代》的主编。他"自以为专做理论与传播，即算是对党的贡献，在党与否，仍是一样"。③这样自然分散了他的精力，影响了原在上海的工作，党的组织活动会议往往不能参加，也没参加长沙的劳动者游行，受到陈独秀等人的批评与指责，从而加重了李达与陈独秀等人的矛盾，人民出版社的编辑工作也停滞了下来。1923年暑期，李达与陈独秀就"国共合作""二次革命"问题再次发生了激烈争执。秋，李达不满陈独秀的家长作风回到长沙，

---

① 李达：《中国共产党的发起和第一次、第二次代表大会经过的回忆》，载《"一大"前后》（二），人民出版社1980年8月版，第15页。
② 《李达自传（节录）》，载中国革命博物馆党史研究室编：《党史研究资料》第2集，四川人民出版社1981年9月版，第11页。
③ 《李达自传（节录）》，载中国革命博物馆党史研究室编：《党史研究资料》第2集，四川人民出版社1981年9月版，第11页。

愤而中断了与陈独秀主持的党中央的联系，离开了党的组织。二大后，人民出版社上海的工作处于一个无人值守的真空，陈独秀遂决定将人民出版社全部迁至广州，与其领导下的新青年社合并。

1923年6月，中共三大在广州召开，会后，中共中央局搬回上海。李达离开中央后，宣传工作先后由蔡和森、瞿秋白负责。人民出版社、新青年社因广州偏僻，工作、经费都很困难，也随之迁回上海，在南市小北门民国路租房，为便于公开，改称上海书店。10月中苏馨甫来沪，将广州的人民出版社和新青年社的工作全部移交给在上海新创立的上海书店，广州另成立了平民书店。11月1日，上海书店正式对外开业。

建党初期的马克思主义图书出版高潮[①]

在中国共产党建党一百周年、人民出版社建社一百周年之际，回忆我党建党初期的马克思主义图书出版高潮，对充分了解中国共产党人的初心，了解革命先辈在艰难困苦的环境中如何砥砺前行，了解早期的人民出版社到底出版了多少种图书，是十分有益的。只有充分学习党史、了解党史，才能在新的形势下，不忘初心、牢记使命，为实现中华民族伟大复兴的中国梦，顽强拼搏、奋勇前进。

一

1840年西方列强用坚船利炮，轰开了中国自我封闭的大门，逼迫腐朽的清政府签订了一个又一个不平等条约。帝国主义和中华民族的矛盾，封建主义和人民大众的矛盾，成为近代中国社会的主要矛盾。中国人民生活在水深火热之中，呈现在中华民族面

[①] 原载于《中国新闻出版广电报》2021年7月29日。因报纸版面有限，发表时文字压缩，现按原稿恢复。

前的是一片惨淡黑暗的情景。

为了改变中华民族备受屈辱和奴役的悲惨命运，无数仁人志士前赴后继，做过种种努力，经过不同的探索。但无情的事实证明：只搬用一些洋枪洋炮和工业技术而不从根本上改变腐朽的旧社会制度的洋务运动，救不了中国。期望清政府自上而下地进行变法图强的戊戌维新运动，虽然起到过引人注目的思想启蒙作用，但在旧政治势力的反扑下，很快就失败了。有着广泛群众支持的义和团"扶清灭洋"的旧式反抗，也改变不了中国的命运。孙中山领导的辛亥革命，推翻了清朝政府，结束了统治中国几千年的君主专制制度，开创了完全意义上的中国近代民族民主革命，打开了中国进步的大门，但这个革命很不彻底，只是赶跑了一个皇帝，仍未能改变旧中国半殖民地半封建社会的社会性质和人民的悲惨境遇，没有实现民族独立和人民的解放。李大钊在1913年发表的《大哀篇》中以极其愤怒和沉痛的心情，揭露了北洋军阀盗窃国权，侵蚀共和的罪恶行径。他尖锐地指出，辛亥革命"以获今日之所谓共和者又何如也？吾殉国成仁杀身救民之先烈，所以舍生命以赴之者，亦曰：'是固为斯民易共和幸福也。'吾民感先烈之义，诚铭骨镂心，志兹硕德，亦欣欣以祝之曰：'是固为吾民易共和幸福也。'而骄横豪暴之流，乃拾先烈之血零肉屑，涂饰其面，傲岸自雄，不可一世，且悍然号于众曰：'吾固为尔民造共和幸福也。'呜呼！吾先烈死矣！豪暴者亦得扬眉吐气，击柱论功于烂然国徽下矣。共和自共和，幸福何有于吾民也"。①

中华民族的前途和命运应该怎样？它的出路在哪里？十月革命一声炮响，列宁领导的俄国社会主义革命给了中国先进分子苦苦思索的问题一个全新的答案。以往，社会主义在许多人看来，还只是一种书本上的学说，十月革命的胜利却使社会主义变成活生生的现实，在中国先进分子中产生了巨大的吸引力，给他们指出了一条过去没有清楚认识到的新出路。李大钊在1918年11月接连发表了《庶民的胜利》和《Bolshevism的胜利》这两篇著名的文章，竭力颂扬十月革命，热烈欢呼社会主义的胜利。他明确指出："人道的警钟响了！自由的曙光现了！试看将来的环球，必是赤旗的世界！"②中国的先进分子、仁人志士找到了马克思列

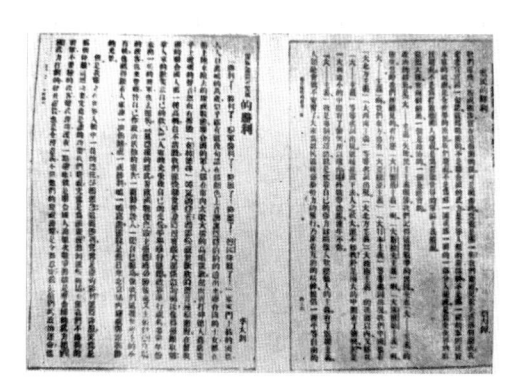

李大钊在1918年11月发表的《庶民的胜利》
和《Bolshevism的胜利》

① 李大钊:《大哀篇》，载《李大钊选集》，人民出版社1959年5月版，第1页。
② 李大钊:《Bolshevism的胜利》，载《李大钊选集》，人民出版社1959年5月版，第117页。

宁主义，找到了中国革命正确的前进方向。打倒列强，打倒军阀，消灭私有制，建立无产阶级的人民政权，最终实现共产主义。这就是一百年前中国共产党创立的大背景。

毛泽东同志接受马克思主义就是在到北京和上海同李大钊、陈独秀等长谈并且阅读了一些中文的马克思主义书籍以后。他在延安对来访的美国记者斯诺讲过："我第二次到北京期间，读了许多关于俄国情况的书。我热心地搜寻那时候能找到的为数不多的用中文写的共产主义书籍。有三本特别深地铭刻在我的心中，建立起我对马克思主义的信仰，我一旦接受了马克思主义是对历史的正确解释以后，我对马克思主义的信仰就没有动摇过。这三本书是：《共产党宣言》，陈望道译，这是用中文出版的第一本马克思主义的书；《阶级斗争》，考茨基著；《社会主义史》，柯卡普著。到了一九二〇年夏天，在理论上，而且在某种程度的行动上，我已成为一个马克思主义者了，而且从此我也认为自己是一个马克思主义者了。"[1]

先驱者们的思想经历是值得后人深思的。他们接受马克思主义，这个决心绝不是轻易下定的，更不是一时冲动或趋时行为，而是经过自己的深思熟虑，经过反复的比较和实践检验，最后才确定这个真正能为中国人民谋取幸福的正确途径，作出自己一生

---

[1] ［美］埃德加·斯诺：《西行漫记》，生活·读书·新知三联书店1979年12月版，第131页。美国人埃德加·斯诺是较早向世界报道中国共产党和中国革命的外国记者。1937年10月，其西北革命根据地的采访录《红星照耀中国》在英国出版，引起世界轰动。1938年12月，该书在上海发行中文版，更名为《西行漫记》。

中最重要的选择。

1921年7月，在中国经济最发达、产业工人最集中的上海，中国共产党第一次全国代表大会召开，并正式宣告中国共产党成立。这是开天辟地的大事变，是漫漫黑夜中的一盏指路明灯，为灾难深重的中国人民带来了光明与希望。

二

历史充分证明，没有先进理论的指导，没有用先进理论武装起来的先进政党的领导，没有先进政党顺应历史潮流、勇担历史重任、敢于作出巨大牺牲，中国人民就无法打败压在自己头上的各种反对派，中华民族就无法改变被压迫、被奴役的命运。党的一大确立了马克思主义为中国革命的指导思想，作为党中央的宣传出版机构人民出版社也就应运而生。

20世纪初期，在中国能够看到马克思主义的书籍是一件非常困难的事。且不说北洋政府对新思想的禁止，一般民众买不到看不到，就是中国的先进知识分子也很难见到，"当时马克思、恩格斯的著作很少翻过来，我们只是从日文上看到一些。中国接受马克思主义得自日本的帮助很大，这是因为中国没人翻译，资产阶级学者根本不翻译，而我们的人又都翻不了"[①]。列宁斯大林

[①] 李达：《中国共产党成立时期的思想斗争情况》，载《"一大"前后》（二），人民出版社1980年8月版，第52页。

及反映俄国十月革命的书籍出版物就更是难以寻觅。

为了准确地理解和掌握马克思列宁主义，加快唤起民族的觉醒，急需一大批宣传马克思主义新思想的出版物来满足中国先进知识分子、青年学生的阅读学习需要。党的一大结束不久，作为党中央三人领导小组成员之一，负责宣传工作的李达同志就根据大会的决议，在上海南成都路辅德里625号（现老成都北路七弄30号）自己的家里秘密开始了人民出版社的编辑出版事宜。

人民出版社创始人李达

有很多学者认为人民出版社是1921年9月1日成立的，[①]社

[①] 夏燕月、章祖蓉：《"一大"前后大事记》，载《"一大"前后》（三），人民出版社1984年8月版，第196页。

长是李达。其实这只是臆断。他们所依据的就是《新青年》第九卷第五号上刊登的"人民出版社通告",而这期杂志的出版时间标注的是"1921年9月1日发行"。其实,只要细心点就能发现,该期所刊文章有很多篇都是9月1日以后才完成的,最晚的一篇是《共产主义与基尔特社会主义》,作者自注写于11月11日。早年的杂志刊物,因出版、印刷等各方面条件所限,很难要求每一期都必须保证能准确地在原所标注的那一天出版,即使是在科技发达的现代化社会的今天,也很难保证期期准日出刊。

因为《新青年》杂志是在11月中旬以后才出版,也有些学者由此推断,人民出版社是在11月中旬以后才成立的。这个理由更是立不住。由于中央局宣传部只有李达一人,而这时的宣传工作重点就是尽快出版一批宣传马克思主义的读物,出版工作是交由李达来直接负责的,所以,对中央局宣传部的要求,实际上就是对人民出版社的要求,也是对李达工作任务的要求。在这种情况下,李达不可能去选择一个"良辰吉日",待出版社正式挂牌开张后再开始工作。目前,党史学界对党的一大召开的时间已基本认可,确定为7月23日;[①]对闭幕的时间却还有异议,有说是7月31日结束的,也有说是8月3日结束的,但不管怎样,一大在8月初结束是没有问题的。从8月初至11月中旬,整整三个半月的时间里,李达什么也不干,只是在那里坐等?这是绝

[①] 《中国共产党简史》,人民出版社、中共党史出版社2021年版,第13页。

不可能的。至于李达"社长"一说也是没有的,不仅一大没有任命,会后中央也没有任何文字与口头的说法,只是把出版任务明确交由了"中央局宣传部"[①]去执行。此时的"中央局宣传部"、人民出版社都只有李达一人。

党的一大闭幕后,宣传主任李达就开始了紧张的工作。虽然缺人、缺经费,环境艰难,在白色恐怖笼罩下,随时还有被捕坐牢掉脑袋的危险,但李达竭尽全力进行工作。"人民出版社由我主持,并兼编辑、校对和发行工作,社址实际在上海,因为是秘密出版的,所以把社址填写为广州昌兴马路。"[②]他在开展工作的同时,还在原定9月1日出版的《新青年》杂志第九卷第五号上公开刊布了"人民出版社通告",宣称"近年来新主义新学说盛行,研究的人渐渐多了,本社同人为供给此项要求起见,特刊行各种重要书籍,以资同志诸君之研究。本社出版品的性质,在指示新潮底趋向,测定潮势底迟速,一面为信仰不坚者祛除根本上的疑惑,一面和海内外同志图谋精神上的团结。各书或编或译,都经严加选择,内容务求确实,文章务求畅达。这一点同人相信必能满足读者底要求,特在这里慎重声明"。"人民出版社通告"中的"本社出版品的性质,在指示新潮底趋向","新潮"就是指马克思主义在中国的传播与实践。李达将出版社定名"人民出版

[①]《中国共产党中央局通告》,载《"一大"前后》(一),人民出版社1980年7月版,第24页。

[②] 李达:《中国共产党的发起和第一次、第二次代表大会经过的回忆》,载《"一大"前后》(二),人民出版社1980年8月版,第14页。

社"，表明我们的党、我们人民出版社的性质是传播马克思主义、践行马克思主义，为人民谋解放求幸福的，人民的利益就是我们党的最高利益。

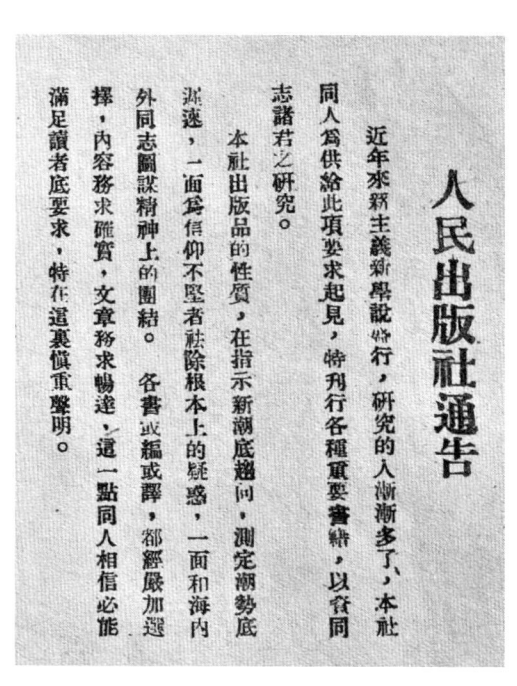

《新青年》杂志第九卷第五号上刊布的"人民出版社通告"

同时，这也是第一次向世人暗示，"人民出版社"是一个不同寻常的出版机构。"人民"的前冠，明确表达了中国共产党人的"初心"，中国共产党是"人民"的党，是为"人民"谋幸福、为中华民族谋复兴的党，"人民"的利益就是我们党的最高利益。

三

人民出版社的高调出现，掀起了我们党建党初期马克思主义图书出版的高潮。

在"人民出版社通告"附录的新书出版目录中，我们可以看到，人民出版社已出版发行的第一批8种新书。其中有"马克思全书"3种：袁湘译《工钱劳动与资本》（定价一角八分），陈佛突译《共产党宣言》（定价一角），李漱石译《资本论》（定价一角）。"列宁全书"2种：李立译《劳农会之建设》（定价一角六分），成则人译《讨论进行计划书》（定价一角）。"康民尼斯特丛书"3种：布哈林著、张空明译《共产党底计划》（定价三角），张西望译《俄国共产党党纲》（定价一角），李墨耕译《国际劳动运动中之重要时事问题》（定价一角）。另外，还有张亮译《列宁传》、康明烈译《国家与革命》、王崇译《共产党星期六》3种图书标注了正在印刷制作中，说明很快就能出版与读者见面。这一批共11种图书是宣传主任李达自党的一大闭幕后至发布"人民出版社通告"之日止三个月来辛苦工作的结晶，也是我们中国共产党创办的人民出版社向全社会公开展示的第一批出版成果。

初生的人民出版社在"通告"中还向全国广大读者公开展示了自己的图书出版计划，共三大系列：一是"马克思全书"系列，计15种；二是"列宁全书"系列，计14种；三是"康民尼斯特丛书"（即"共产主义者丛书"），计11种。另有其他系列图书9种，共49种图书。这对刚刚诞生的人民出版社来说，无疑是一个庞大宏伟的出版计划。

人民出版社是中国共产党中央建立的第一个出版机构，因此党对它寄予了莫大的希望。在"人民出版社通告"发布后，为迎接党的第二次全国代表大会的召开，中央局书记陈独秀在1921年11月签发的党的第一个《中国共产党中央局通告》中，明确要求"中央局宣传部在明年七月以前，必须出书（关于纯粹的共产主义者）二十种以上"。

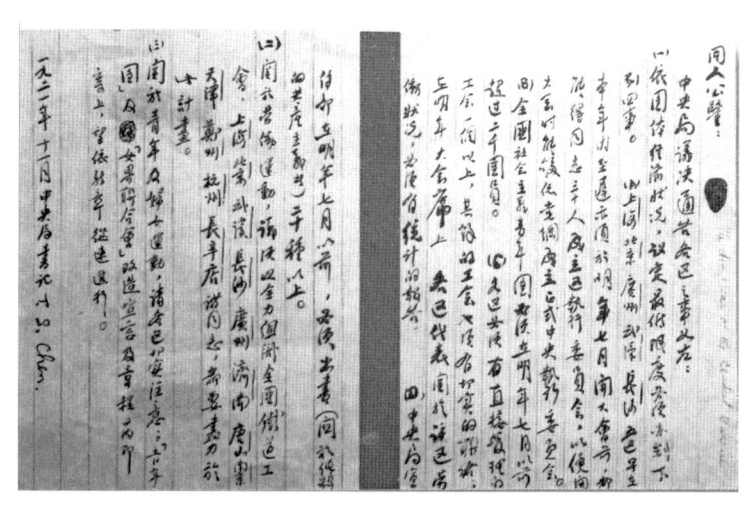

1921年陈独秀签发的中国共产党中央局通告

在不到一年的时间里，要求新生的人民出版社必须出版20种以上关于纯粹的共产主义者的图书，即马克思列宁主义的原著，这个任务对宣传主任李达来说实在是太沉重了。"人民出版社通告"公布了三大系列出版计划，作为党的出版长远的规划、作为振奋人心的马克思主义的思想引领都是没有问题的，但要在短期内实现却无疑是不现实的。这个计划的实施，"主要是由北京大学马克思学说研究会的会员译作的。其次还有联合广州，上海及其他地方的同志（如武汉恽代英同志）翻译的"。[①] 当时全国党员总人数也就50多名，况且大多数都是热情高涨的热血青年，虽崇拜信仰马克思主义，但很多人的外语水平不行，对马克思主义的理论精髓也缺乏深刻的领会。如《共产党宣言》的第一句话"有一个幽灵，共产主义幽灵，在欧洲徘徊"，都觉得"幽灵"这两个字不大好，但又找不到别的词替代，"有个同志说，直译，然后把意思作一个说明……类似这样的说明，在译文中大约有七、八处之多"。有些地方虽可请教老师讲解，但"德文老师也说，我认得文字，但不懂得意思"[②]。

罗章龙曾回忆过他们当年在北大马克思学说研究会捧着原文经典，把学外文与啃理论和试译成中文同步进行时的尴尬情况，这就可以解释他为什么没能完成托洛茨基《共产主义与恐怖主义》的译稿了。沈雁冰译《国家与革命》，因译不下去半途而废。刘仁静虽译完了《国家与革命》，陈独秀却说看不懂，该

[①] 罗章龙:《回忆北京大学马克思学说研究会》，载《"一大"前后》(一)，人民出版社1980年7月版，第103页。

[②] 罗章龙:《回忆北京大学马克思学说研究会》，载《"一大"前后》(一)，人民出版社1980年7月版，第104页。

书遭到否决而未能出版。而已完成出版的书稿，如沈泽民署名成则人译的列宁名著《论策略书》，书名被译成了难以理解的《讨论进行计划书》，由于译文不精准，文字又晦涩生硬，令读者难以卒读。

当时，工人运动也是我们党的工作重点，更多的同志也愿意把精力投身到发动群众的实际斗争中去，所以李达能真正组织起来的译者队伍人数并不多。由于翻译的水平不足，不少人只是会把马克思列宁主义的经典著作进行简单的文字转换，结果一是完不成任务，二是即使完成了质量也不是很高。

四

至1922年6月底，由于实际的能力和翻译水平有限，中共中央执行委员会书记陈独秀在给共产国际的报告中提到，人民出版社实际共出书12种，其中"马克思全书"2种，《共产党宣言》《工钱劳动与资本》；"列宁全书"5种，《列宁传》《劳农会之建设》、《讨论进行计划书》（即《论策略书》）、《劳农政府之成功与困难》、《共产党礼拜六》（即人民出版社通告中的《共产党星期六》）；"康民尼斯特丛书"5种：《共产党底计划》（布哈林）、《俄国共产党党纲》、《国际劳动运动中之重要时事问题》、《第三国际议案及宣言》、《俄国革命纪实》（托洛茨基）。以上12种各印3000份。

为了纪念马克思诞辰 104 周年和声援各地工人群众与革命斗争，出版社还先后印发了大量纪念品和宣传品，并在 5 月 5 日编辑出版了《马克思纪念册》，这是在我国出版的第一本马克思纪念册，封面套红，印有马克思的半身像，内含《马克思诞生一百零四周年纪念日敬告工人与学生》，号召学习"马克思做一个苦

1922 年 5 月由中国劳动组合书记部编辑，
人民出版社出版的《马克思纪念册》

战奋斗的战士"；节选威廉·李卜克内西的《马克思传》介绍了

马克思的生平活动及事业;《马克思学说》简要叙说了马克思关于剩余价值、唯物史观和阶级斗争的学说。纪念册发行达2万册,在全国产生了重大影响。

到中共二大召开时,人民出版社已出版图书达15种。在1922年7月1日出版的《新青年》第九卷第六号上登载了人民出版社的"出版新书"广告,详细列出了"马克思全书"3种:《共产党宣言》定价一角,《资本论入门》定价一角,《工钱劳动与资本》定价一角八分。"列宁全书"5种:《劳农会之建设》定价一角六分,《讨论进行计划书》定价一角(即《论策略书》),《共产党礼拜六》定价一角二分(即"人民出版社通告"中的《共产党星期六》),《列宁传》定价二角,《劳农政府之成功与困难》定价一角二分。"康民尼斯特丛书"4种:《共产党底计划》定价三角,《俄国共产党党纲》定价一角,《国际劳动运动中之重要时事问题》定价三角,《第三国际议案及宣言》定价四角。其他书籍3种:《劳动运动史》定价一角,《俄国革命纪实》定价三角,《两个工人谈话》定价一角。共计15种。广告在结尾特别强调"以上各书,均已出版"。

早期人民出版社出版的图书

这批图书虽然没有达到预期的出版目标,但是极大地缓解了马克思列宁主义理论著作在中国的书荒局面,广大党员与进步青年、知识分子非常珍视这批出版物,将其视为革命道路上的前进指南。1927 年,大革命失败后的一个冬夜,共产党人张人亚潜回宁波镇海霞浦的家里,交代其父将带回的一箱文件物品秘密保存好,随即离开。父亲依照嘱咐,将箱子藏匿于村外的山洞中。新中国成立后,其父不知张人亚早已去世,因久等不来消息,遂将这箱文件物品取出，上交给党组织。箱子里有《中国共产党第二次全国大会决议案》《中国共产党第三次全国大会决议案及宣言》等珍贵的党史文件，还保存有当年人民出版社初期出版的第一批13种图书：《共产党宣言》《工钱劳动与资本》《劳农会之建设》《讨论进行计划书》《共产党礼拜六》《列宁传》《劳农政府之成功与困难》《共产党底计划》《俄国共产党党纲》《国际劳动运动中之重要时事问题》《第三国际议案及宣言》《劳动运动史》《李卜克内西纪念》。这些已成绝版的实物图书的发现，使我们能有幸一窥先辈们的革命伟绩，并证实了当年掀起的马克思列宁主义著作出版高潮所产生的巨大社会影响力。

初期的人民出版社在艰难的环境下到底出版了多少种图书，我在《中共二大与人民出版社》一文中已做了细致的探讨，共计应该是20种。加上罗章龙的《震撼世界的十日》[①]，再算上为了纪念马克思诞辰104周年在5月5日编辑出版的《马克思纪念册》，总计应是22种。不过，我们今天能看到的当年版本只有上海中共一大会址纪念馆收藏的《工钱劳动与资本》《劳农会之建设》《讨论进行计划书》《共产党礼拜六》《列宁传》《劳农政府之成功与困难》《共产党底计划》《俄国共产党党纲》《国际劳动运动中之重要时事问题》《第三国际议案及宣言》《劳动运动史》《李卜克内西纪念》12种和北京国家图书馆收藏的《两个工人谈话》

---

① 罗章龙：《回忆北京大学马克思学说研究会》，载《"一大"前后》（二），人民出版社1980年8月版，第193页。

《李卜克内西纪念》2种，以及中共中央编译局收藏的《工钱劳动与资本》1种。其中，《李卜克内西纪念》为上海一大会址纪念馆和北京国家图书馆各收藏1册，《工钱劳动与资本》为上海一大会址纪念馆和中共中央编译局各收藏1册，如再加上《马克思纪念册》，共计应是14种16册。

中共出版发行工作的先驱者——苏新甫

在中国共产党成立一百周年,以及党创建的第一个出版社——人民出版社建社一百周年"双百"纪念即将到来之际,我们不应忘记一个曾经为我们党的早期出版发行事业作出过开创性贡献的人物——苏新甫。

"非自己发起一个书局不可"

陈独秀是"五四运动的总司令",新文化运动的旗手,在中国共产党建党之初,是国内的思想启蒙先驱、马克思主义的积极传播者,中国共产党的主要创始人之一。他创办的《青年杂志》,后改名为《新青年》,与新文化运动和五四爱国运动紧密地联系在一起,在中国历史中发挥了不可估量的重要作用,成为中国共产党建党初期我们党办的第一份重要出版物。

《新青年》影响了一代人,造就了一大批思想界的巨星,它紧扣时代的脉搏,适应国内外形势的变化而不断地调整和变更自己的办刊主旨。从1915年9月创刊到1917年7月,《新青年》的主旨是开启民智,致力于思想启蒙运动,立足于从思想文化的

陈独秀创办的《青年杂志》第一卷第一号

高度拯救中华民族的灾难。1917 年，随着国际国内形势的变化，《新青年》转而关心社会、讨论"国命存亡"之大政。1920 年 9 月，转为中国共产党上海发起组的机关刊物。

在整个《新青年》的发展过程中，编辑和出版发行工作并不顺利。陈独秀在创办《青年杂志》以前，除了曾一度在家乡主编过《安徽俗话报》外，并无太多的独立办报办刊尤其是自主经营的经验，他自己也无相应的经济实力。所以，要独立创办一份进行"唤醒青年"之"思想启蒙"的新杂志,就必须借助外力的支持,寻找一个有经济实力同时又热心文化事业的出版发行机构作为合作方。为此,他的莫逆之交汪孟邹及其在上海所创办的亚东图书馆就成为首选目标。但遗憾的是,汪孟邹和他的上海亚东图书馆此时生意比较清淡,经济上不能直接施以援手,因此推荐了其好友陈子沛、陈子寿兄弟所创办的群益书社来接手。所以,从1915年9月15日创刊,一直到1920年9月以前的第七卷各期,《新青年》(《青年杂志》)的出版发行包括印刷工作都是由群益书社来承担的。

1917年初,陈独秀应聘北京大学文科学长,编辑部随之从上海移至北京。

1919年1月15日,《新青年》杂志刊载了陈独秀的《本志罪案之答辩书》。文章明确表明了陈独秀的思想政治主张,拥护"德先生"(民主,Democracy)与"赛先生"(科学,Science),对封建礼教主张进行强烈打击、坚决反抗。"我们现在认定,只有这两位先生可以救治中国政治上、道德上、学术上、思想上一切黑暗。"文中提到《新青年》杂志还被部分人(守旧派恪守旧礼仪、旧道德,不肯接受新思想)所不能接受,把《新青年》看作是一种邪说,怪物,是一个离经叛道的异端,非圣无法的叛逆。[1]

---

[1] 《新青年》第六卷第一号,1919年1月15日。

1919年6月陈独秀在北京"新世界"游艺场散发《北京市民宣言》传单时被捕,经营救于9月出狱,《新青年》也因此被迫停刊。10月,杂志迁回上海,不过还保留了北京编辑部。12月的第七卷第一号起仍改为由陈独秀一人主编。第七卷第一号《新青年》在目录后的首页还刊登了一则《本志所用标点符号和行款的说明》,指出"现在从七卷一号起,划一标点符号和行款"。这是《新青年》杂志在倡导新文化运动中经过两年多努力所取得的重要成果,也是中国近代历史上公开出版的最早的一本带统一标点的刊物。虽然只是确定了13种标点符号和几个简单的版式要求,但其意义深远,它为中国开始向现代社会整体转型奠定了文化基础。

1920年初,陈独秀离开北大回到上海。陈独秀觉得北京舆论环境恶化,与同人间的分歧亦越来越大,无法按照他的想法实施改革方案。根据前几年发现的"陈独秀等致胡适信札"(后简称"信札")[1]所提供的信息,4月26日,陈独秀给北大同人去信,就《新青年》的未来征询意见:其一,是否继续办?其二,与群益书社的合同期将满,对新合同有什么要求?北京这边还没回信,5月7日,陈独秀与陈氏兄弟便又发生了争执。在当日给胡适的信中,陈独秀说:"现在因为《新青年》六号定价及登告白的事,一日之间我和群益两次冲突。这种商人既想发横财又怕

---

[1] 黄兴涛、张丁:《中国人民大学博物馆藏"陈独秀等致胡适信札"原文整理注释》,载《中国人民大学学报》2012年第1期。

风波,实在难与共事,《新青年》或停刊,或独立改归京办,或在沪由我设法接办(我打算招股自办一书局),兄等意见如何,请速速赐知。"(信札一)

冲突源于陈独秀要出"劳动节纪念号",计划从130页至200页增至400页,因成本增加,群益书社要求涨定价,但陈独秀认为本期内容面向普通工人,定价不能涨。陈独秀为此向胡适抱怨说:"我对于群益不满意不是一天了。最近是因为六号报定价,他主张至少非六角不可,经我争持,才定了五角;同时因为怕风潮又要撤销广告,我自然大发穷气。""群益欺负我们的事,十张纸也写不尽。"(信札三)

《新青年》在独立之前,陈独秀曾去信征求北大同人意见,邀大家参股,但教授们对《新青年》杂志越来越政治化不满,并表示只愿将稿件折成股本,不愿投钱。陈独秀回信反驳说:"著作者只能出稿子,不招股集资本,印刷费从何处来?……其初若不招点股本开创起来,全靠我们穷书生协力,恐怕是望梅止渴。"(信札三)

胡适提出三个解决方案:一是将《新青年》办成政治杂志,大家另办一个哲学文学杂志;二是将编辑部移到北京,人家都声明不谈政治;三是停刊。

陈独秀回信逐一反驳,胡适无可奈何:"今独秀既如此生气,并且认为反对他个人的表示,我很愿意取消此议。"①钱玄同、周作人(正生重病,鲁迅代回信)都表示愿意退出。《新青年》同人团队至此烟消云散,北京编辑部被取消。

《新青年》第九卷第一号

1920年9月1日,《新青年》发布启事,郑重声明:"本志自八卷一号起,由编辑部同人自行组织新青年社,直接办理编辑印刷一切事务……八卷一号以前的事,仍由群益书社负责,……特

---

① 彭明主编:《陈独秀、李大钊、鲁迅和胡适关于〈新青年〉问题的来往信函(六则)》,载《中国现代史资料选辑》第一册,中国人民大学出版社1987年6月版,第520页。

此声明，以免误会。"① 群益书社似曾将陈独秀告上法庭。郭沫若在《创造十年发端》中说："新青年社由群益书局独立时，书局老板提起过诉讼，这是人众皆知的事。"但判决结果如何，不得而知，查无资料。

《新青年》与原来的出版发行商群益书社决裂以后怎么办？陈独秀的意见非常坚定——独立办刊，"非有发行所不可"。因此，陈独秀的设想是："（《新青年》）非自己发起一个书局不可，章程我已拟好付印，印好即寄上，请兄等切力助其成，免得我们读书人日后受资本家的压制。"②

成立新青年社，自办一书局的经费从何而来？陈独秀还是有点经营头脑的，这或许是从他亦官亦商的嗣父陈昔凡那里继承来的传统。他1916年曾策划过亚东图书馆与群益书社的合股，虽未成功却反映他有此方面理念。1916年年底，他还亲自陪汪孟邹到北京去招股，大获成功，令亚东图书馆有机会经营北大新书。这次，他为《新青年》的生存想出的妙招即是：招股！但"内外股"兼招筹款不畅，《新青年》八卷一号也未按预期的8月1日出版。在这困难时期，陈独秀自然想到了曾在安庆帮自己发行过《安徽俗话报》的老乡苏新甫。

---

① 彭明主编：《陈独秀、李大钊、鲁迅和胡适关于〈新青年〉问题的来往信函（六则）》，载《中国现代史资料选辑》第一册，中国人民大学出版社1987年6月版，第520页。
② 黄兴涛、张丁：《中国人民大学博物馆藏"陈独秀等致胡适信札"原文整理注释》，载《中国人民大学学报》2012年第1期。

新青年社的发行掌门人

苏新甫（原名苏馨甫，后简写为苏新甫），名绍德，字新甫（1889—1936），安徽怀宁县苏家户（现为安庆的宜秀区大桥办眉山村）人，是陈独秀的老乡。

苏新甫幼年读书不多，十几岁即到安庆蒋万兴钱庄当学徒，由于其聪明好学，后升为朝奉。朝奉本是一种古老的官职。秦朝有朝请，汉代有奉朝请，意思是"逢朝会请"，即每逢上朝便应召议事，并不实指某个官位。当时的三公外戚、皇室诸侯，多为奉朝请。到了宋代就有了明确规定，朝奉大夫是从六品的官，朝奉郎则是正七品。

清末民初，在古徽州，即今天的安徽南部山区，朝奉却是一种普遍使用的称谓。徽人自称朝奉，不外乎因为徽人多商人，尤其是多富商。徽州人的经商，是"其货无所不居，其地无所不至，其时无所不骛，其算无所不精，其利无所不专，其权无所不握"。徽州朝奉的称谓，就随着徽人经商的足迹而传播开去，逐渐地为各个行业、各个地区的人们所知道，而成为各地对徽州商人的称呼。

徽州朝奉什么生意都做，但是最拿手的还是开典当行，在这门行业中甚至有"无典不徽"的说法。由于各地大多数的当铺是徽州朝奉所开，人们逐渐习惯一进当铺就对着迎门的掌柜开口叫"朝奉"。后来，朝奉索性成了当铺掌柜的统称，不论是否徽人开的买卖，一概冠之以朝奉。

苏新甫（1889—1936）

当铺都是钱庄所开，也是相通的。苏新甫虽不是徽州人，但安庆离徽州并不远，同属皖南地区，徽州人的那种吃苦耐劳、好学、爱动脑筋、勤于致富的精神对他影响很大。苏新甫能从一个小学徒当上了大掌柜，很不容易，是他平日里刻苦努力的结果。他办事精明，往来于各大商埠，人缘好、关系多，生意也就发展得很快。

苏新甫对图书期刊的出版发行并不陌生，当年陈独秀创办

《安徽俗话报》时，苏新甫就在安庆为他办过发行。《安徽俗话报》是辛亥革命前安徽省内的第一份民主主义革命刊物，也是在国内有重要影响的白话报刊之一。1904年1月在安庆创刊，后迁至芜湖出版，主编和主要撰稿人都是陈仲甫（陈独秀）。报纸广泛报道和评论国内外时事政治，介绍科学文化知识，灌输近代国家观念和民主自由的思想，并暗中鼓吹革命。陈独秀曾以"三爱"笔名在该刊发表了大量文章。1904年11月，《安徽俗话报》被当地官府勒令停刊，次年3月复刊，第21、22期合刊后终刊。苏新甫头脑灵活，善于经营，秉承了徽商的优良传统。时间虽然不长，每一期的量也不大，只有400余份，但他在《安徽俗话报》上的发行销售能力和敬业的精神却给陈独秀留下了深刻的印象。

苏新甫凭借自己多年在商界打拼的经验，协助陈独秀在上海顺利注册了独立运营的新青年社，圆满解决了《新青年》的自主出版和发行问题，陈独秀也把编辑部从北京撤回到上海，自己再次独立担起刊物的主编。新青年社设立总发行所于法大马路279号（今金陵东路近福建南路处），由苏新甫主管。除了《新青年》主刊外，新青年社还发行面向工人、店员的《劳动界》和《上海伙友》。1920年8月15日，《劳动界》创刊号出版，封面标明"总经售处上海法租界大自鸣钟对面新青年社"，这应是"新青年社"最早见诸媒体宣传。大自鸣钟对面的新青年社总发行所生意很好，一度热闹非凡，许多青年学生与工人经常前来光顾，其中的先进分子后来成为中国共产党最早的一批党员。

党的出版发行工作先驱

1920年3月，共产国际认为中国革命的时机已经到来，派特派员维经斯基等人来华，同李大钊、陈独秀等马列主义者联系。6月，陈独秀在维经斯基的帮助下，开始进行中国共产党的建党筹建工作。8月，陈独秀、李汉俊、杨明斋、李达等人在上海法租界老渔阳里2号《新青年》编辑部发起建立了中国第一个共产党的早期组织。

上海第一个早期组织成立后，推举陈独秀为书记，并将《新青年》杂志从第八卷第一号起确立为小组的机关刊，开辟了"俄罗斯研究"专栏，重点宣传马克思主义理论，介绍俄国十月革命。《新青年》于是成了我党历史上第一本正式公开发表的出版物，主持新青年社总发行所的苏新甫也就此成为从事我们党的出版发行工作最早的人。在共产国际的帮助下，《新青年》的经费问题得到解决。小组还创办了外国语学校，建立社会主义青年团，组织成立上海机器工会。11月7日，秘密创办了党内刊物《共产党》月刊，起草了党的第一个纲领性的文件——《中国共产党宣言》，提出用劳农专政和生产合作为革命手段。同时，帮助指导北京、山东、湖北、湖南、广东等地的建党工作，为正式组建一个全国统一的中国共产党奠定了坚实的基础。

从 1920 年秋开始，新青年社又陆续推出陈独秀主编的"新青年丛书"，书目广告列有近 10 种，实际付梓 8 种，其中比较引人注目的有：李季译、蔡元培写序的《社会主义史》，黄凌霜译、张伯坚校的《哲学问题》，恽代英译的《阶级争斗》等。

1920 年 12 月初，陈独秀应广东省长、粤军总司令陈炯明之邀到广州出任军政府教育行政委员会委员长兼大学预科校长。临行前，陈独秀写信给李大钊、钱玄同、胡适之、高一涵、周豫才、周启明等九位同人，说他"日内即赴广州，此间编辑事务已请陈望道先生办理，另外加入编辑部者，为沈雁冰、李达、李汉俊三人"。16 日夜，陈独秀即将登轮赴粤之时，又写信给胡适之、高一涵，重申《新青年》编辑事有陈望道君负责，发行事有苏新甫君可负责。《新青年》色彩过于鲜明，弟近亦不以为然，陈望道君亦主张稍改内容，以后仍以趋重哲学文学为是。但如此办法，非北京同人多做文章不可"①。

1921 年 2 月 11 日，由于新青年社出售《阶级争斗》《到自由之路》等书籍画报，法国巡捕房以"言词激烈，有违租界章程"为借口，将《新青年》杂志社强行封闭，又查封了新青年社总发行所。《新青年》八卷六号正值付排期间，全部稿件被法租界巡捕房的包探搜走。

苏新甫与陈独秀的关系，同汪孟邹与陈独秀关系是一样的，

---

① 水如编：《陈独秀书信集》，新华出版社 1987 年 11 月版，第 292—293 页。

都是好朋友，苏新甫虽然不是共产党员，但其思想是积极拥护革命的。《新青年》从 1915 年 9 月创刊到 1922 年 7 月休刊，陈独秀一直是这个刊物的主要编辑和撰稿人，是刊物的灵魂。苏新甫了解陈独秀，崇拜陈独秀，在行动上更是积极支持陈独秀，故能得到陈独秀的赏识和信任，并予以重任。他从 1904 年就有过与

新青年社旧址，现广州昌兴街

陈独秀合作的经历，担任新青年社的经理后更加尽心尽力，他四处奔波，从不计较个人得失，任劳任怨，为新青年社的出版发行事业殚精竭虑。

新青年社遭查封，出版物严禁在上海印刷发行。上海已无新青年社的立锥之地，正好陈独秀已先行在广州，为了安全，作为经理的苏新甫果断决定将整个新青年社从上海迁往广州，他也随之到达广州。

新青年社在广州的新址是昌兴新街26号。

昌兴街位于广州北京路附近一条不起眼的百米老街上，这条街因《新青年》的来到，后来逐渐发展成了红色文化一条街，42号二楼曾是创造社出版部广州分部。20号是中共创办的丁卜书店。这两个地方，是1927年鲁迅在广州时常去购书的地方。此外，李章达和叶挺于1922年曾在昌兴街租了一间店铺的二楼，开办通讯社，以此掩护秘密联络工作。1927年，左翼文化人欧阳山在广州昌兴街创办了香港受匡出版社广州门市部。

但此时，广州的出版环境、文化氛围比起大上海要差很多，有如穷乡僻壤，小城陋巷，加上经费不足，工作上困难重重。1927年鲁迅到广州时，仍不习惯当时广州的文化"芜杂"，"广州文艺方面除创造社一些读物外，其他芜杂得很"，于是与孙伏园在芳草街合办"北新书屋"，欲将北方的北新、未名社出版物介绍给广州青年。据当时的报章报道，书店有不少人光顾。料理代售业务的是许广平的妹妹许月平，每月只要付9元房租。可这家 3 月开张、7 月即停的书店到结账时仍亏了 80 大元。①

面对一个全新的陌生环境，苏新甫克服种种困难，经过多方努力，使遭受重创的新青年社在很短的时间里又重新走上了正轨。首先是将在上海被抄走的《新青年》第八卷第六号的文稿找齐再进行重新排版，于 1921 年 4 月 1 日正式出刊。紧接着 1921 年 5 月 1 日，《新青年》第九卷第一号顺利出版发行，然后按原来的计划保持每月出版一号，至同年底，《新青年》第九卷第五号出版。②

《新青年》的发行，一是靠陈独秀的朋友和北大的学生关系，另一个就是苏新甫的商业关系和经营能力。《新青年》之所以能维持多年，除了有陈独秀主编和 300 多位作者的投稿、支持外，这位善于经营、善于理财的发行人苏新甫是功不可没的。除迅速恢复出版发行《新青年》外，《每周评论》《向导》的发行销售工作也在他的工作范围之内。

人民出版社发行部

1921 年 7 月，党的一大在上海召开，党中央决定秘密创建自己的出版机构人民出版社，加大马克思主义的宣传力度。由于

---

① 《鲁迅曾在广州芳草街开亏本书店 记者探寻作家足迹》，《南方都市报》2001 年 8 月 19 日。

② 《新青年》第九卷第五号应是 9 月 1 日出版，但实际上到 11 月后才发行。详见陈有和：《与党同行的人民出版社》，载《北京党史》2011 年第 3 期。

宣传主任李达原本就是一位马克思主义理论家，翻译出版过多部理论著作，他曾在中华书局做过编辑，同时又是《新青年》的编辑，并一直在主编《共产党》月刊，有着丰富的编辑出版工作经验，所以具体工作就由李达负责。

据李达本人后来回忆，中央工作部"并无工作人员。只有宣传工作方面雇了一个工人做包装书籍和递书籍的工作"。出版社的编辑、校对、发行实际上就他自己一人，经费不够，靠给商务印书馆写稿拿点稿费来补贴。为便于工作，也便于隐蔽，编辑部地址设在上海南成都路辅德里625号（现老成都北路七弄30号），也就是李达自己的家里。由于党处于地下活动状态，为了保密，同时也为了迷惑敌人，在出版物的封面及版权页上的出版社名印的是"广州人民出版社印行"，社址印的是"广州昌兴新街26号"，即新青年社的社址。当然这个地址也不是随意写上去的。

1921年2月，新青年社在上海遭查封，被迫迁往政治气氛相对宽松的广州。当时的广州是孙中山领导的国民政府，陈炯明率粤军从福建漳州打回广东后，出任广东省长。他的最大愿望，就是尽一切努力，避免广东再陷战争，他大力推行新政，力图将广东建设成全国的模范省，正好党的中央局书记陈独秀又受邀在政府里兼任教育行政委员会委员长，相比于上海由北洋军阀控制的政府要宽松很多。

人民出版社的图书除少量由李达在上海秘密寄发外，大量的还得依靠一个可信赖的公开发行机构来完成。同时，刚刚成立的党的人民出版社也急需一个公开的发行平台与实体机构来宣传推销自己，让广大读者认识自己。上海的环境不容许，而身在广州的新青年社正好符合了这一需求。作为新青年社的总经理，苏新甫尽管自身也是困难多多，但还是毫不犹豫地承担起人民出版社图书面向全国发行的责任。所以才有了上面所述李达将以人民出版社名义所出版的图书，在封面和版权页上全部标注为"广州人民出版社印行"，社址"广州昌兴新街26号"的缘由。

准确地说，此时的人民出版社分为两部分，编辑工作在上海，是秘密的，实际上是由李达一人在承担。出版发行部设在广州，是公开的，由新青年社的苏新甫来兼管。1922年7月，新青年社地址改迁至其隔壁，人民出版社的社址也遂改为了"广州昌兴马路28号"。

繁重的发行任务

为迎接党的二大召开，陈独秀签发了党中央的第一个通告，明确提出"中央局宣传部在明年七月以前，必须出书（关于纯粹的共产主义者）二十种以上"。这是对宣传主任李达下达的任务，也是对人民出版社下达的任务，当然也是对承担人民出版社图书发行的新青年社下达的任务。

为此，李达在由陈独秀主持出版的《新青年》杂志第九卷第五号上公开发布"人民出版社通告"，简述了创社宗旨与任务后，列出了计划出版或已出版的图书书目，其中"马克思全书"15种，已出的有《工钱劳动与资本》《共产党宣言》《资本论》3种；"列宁全书"14种，已出的有《劳农会之建设》《讨论进行计划书》2种；另《列宁传》《国家与革命》《共产党星期六》3书正在印刷中；"康民尼斯特丛书"（即"共产主义者丛书"）11种，已出的有《共产党（底）计划》（通告漏一"底"字）、《俄国共产党党纲》、《国际劳动运动中之重要时事问题》3种；其他书籍9种。一共是49种。

至1922年6月底，由于人员实际的能力和翻译水平有限，中共中央执行委员会书记陈独秀在给共产国际的报告中提到，人民出版社实际共出书12种，其中"马克思全书"2种，《共产党宣言》《工钱劳动与资本》；"列宁全书"5种，《列宁传》、《劳农会之建设》、《讨论进行计划书》（即《论策略书》）、《劳农政府之成功与困难》、《共产党礼拜六》（即人民出版社通告中的《共产党星期六》）；"康民尼斯特丛书"5种，《共产党底计划》（布哈林）、《俄国共产党党纲》、《国际劳动运动中之重要时事问题》、《第三国际议案及宣言》、《俄国革命纪实》（托洛茨基）。以上12种各印3000份。

为了纪念马克思诞辰104周年和声援各地工人群众与革命斗争，出版社先后印发了大量纪念品和宣传品，并在5月5日编辑出版了《马克思纪念册》，这是在我国出版的第一本马克思纪念册，封面套红，印有马克思的半身像，内含《马克思诞生一百零四周年纪念日敬告工人与学生》，号召学习"马克思做一个苦战奋斗的战士"；节选威廉·李卜克内西的《马克思传》介绍了马克思的生平活动及事业；《马克思学说》简要叙说了马克思关于剩余价值、唯物史观和阶级斗争的学说。纪念册发行达2万册，在全国产生了重大影响。

到中共二大召开时，人民出版社已出版图书达15种。1922年7月1日出版的《新青年》第九卷第六号上登载了人民出版社的"出版新书"广告，详细列出了"马克思全书"3种：《共产党宣言》定价一角、《资本论入门》定价一角、《工钱劳动与资本》定价一角八分。"列宁全书"5种：《劳农会之建设》定价一角六分、《讨论进行计划书》定价一角（即《论策略书》）、《共产党礼拜六》定价一角二分（即人民出版社通告中的《共产党星期六》）、《列宁传》定价二角、《劳农政府之成功与困难》定价一角二分。"康民尼斯特丛书"4种：《共产党底计划》定价三角、《俄国共产党党纲》定价一角、《国际劳动运动中之重要时事问题》定价三角、《第三国际议案及宣言》定价四角。其他书籍3种：《劳动运动史》定价一角、《俄国革命纪实》定价三角五分、《两个工人谈话》定价一角。共计15种。广告在结尾特别强调"以上各书，均已出版"。

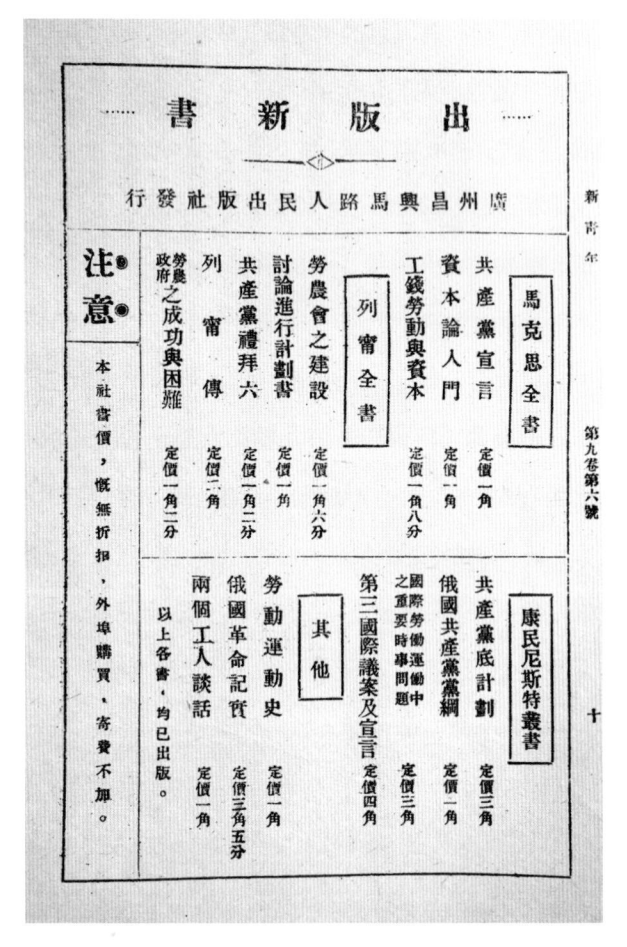

《新青年》第九卷第六号上登载的人民出版社"出版新书"广告

在党的二大上，李达与陈独秀就"国共合作""二次革命"问题发生了激烈争执。秋，李达不满陈独秀的家长作风回到长沙，愤而中断了与陈独秀主持的党中央的联系，离开了党的组织。二大后，人民出版社上海的编辑工作处于一个无人值守的真空，陈独秀遂决定将人民出版社的工作全部迁至广州，与其领导下的新青年社合并。这样，苏新甫身上的担子就更加繁重了。

《新青年》的编辑工作也因人事问题再一次陷入停顿。1922年7月1日恢复出版的《新青年》第九卷第六号，其实已是《新青年》月刊的终刊号。

除了日常的出版发行工作，新青年社还承担了各地进步青年，以及党内同志往来广州的接待任务。包惠僧《我所知道的陈独秀》中记载："我去广州还有一个理由，就是我认识《新青年》杂志的发行人苏新甫，他是陈独秀的亲戚，我们武汉支部发行过《新青年》，我同他打过交道。陈独秀到广州后苏新甫也将《新青年》发行处搬到了广州，这次我去广州前先和苏新甫打了个招呼，他来信说让我住在《新青年》杂志发行处，他招待我吃住。一到广州我就去兴昌马路《新青年》发行处找他。"[①]

包惠僧原名包道亨，又名包晦生、包一德、包一宇，曾化名鲍怀琛，用过笔名栖梧老人、亦愚。他是湖北黄冈包家畈人，又是陈潭秋的校友——湖北省立第一师范学校学生，只是比陈潭秋高几班。1917年毕业之后，他在武昌教了半年书便失业了。爱好活动的他，索性摆脱了课堂的束缚，去当自由自在的新闻记者，担任了《汉口新闻报》《大汉报》《公论日报》《中西日报》的外勤记者，四处活动。他到过上海，到过广州，到过北京，这

[①] 包惠僧：《我所知道的陈独秀》，载《"一大"前后》（二），人民出版社1980年8月版，第384页。

使他开了眼界,了解了中国的现状。

1920年2月上旬,陈独秀到达武汉,这位初出茅庐的新闻记者跑去采访。这次采访,深刻地影响了包惠僧。包惠僧是这么回忆的:"我以记者的身份专程到文华书院访问了陈独秀,我是抱着崇敬的心情去见他的。见面后我告诉他我是哪个学校毕业的,毕业后因找不到工作当了记者。他说当记者也好,能为社会服务。后来我们谈了五四运动,火烧赵家楼,反封建,婚姻自由(当时有许多女学生同我谈论婚姻自由问题)等问题。陈独秀是汉学专家,他的汉学不在章太炎之下。我还向陈独秀请教学汉学的门路。他指导我读书,讲了做人做事的道理。这次我们谈了个把钟头,分手时我表示惜别,不知以后什么时候能再见面。他说以后还有再见面的机会。他来去匆匆,在武汉时间不长就到上海去了(引者注:陈独秀回北京后经天津再去上海)。走之前我又去见了他一次。我是为了采访新闻去找他的,没想到后来我和他交往这么多。他关照我不要写文章向外发表我们的谈话。……"[①]1921年7月,包惠僧成了出席在上海召开的中国共产党第一次代表大会的13位成员之一。

---

① 包惠僧:《我所知道的陈独秀》,载《"一大"前后》(二),人民出版社1980年8月版,第383页。

中共三大以后

1923年6月中共三大在广州召开，根据罗章龙的回忆，1923年10月中共中央局会议决定，成立由党、团中央组成的"中央出版委员会"，委员有罗章龙、徐白民、恽代英、顾琢之、苏新甫等，"并指定张伯简、成伟、郭景仁等参加专门筹议有关出版事宜"。[①] 苏新甫不是共产党人，但却成了共产党"中央出版委员会"的委员，罗章龙的回忆是否有误，不得而知，但至少说明苏新甫此时在中共出版发行领域的重要地位和影响力。

三大会后，中共中央局搬回上海。李达离开中央后，宣传工作先后由蔡和森、瞿秋白负责。人民出版社、新青年社因广州偏僻，工作、经费都很困难，也随之迁回上海，在南市小北门民国路租房，为便于公开经营，这时迁回的出版社不能再称"人民出版社"或"新青年社"，而改为"上海书店"，并在报上公开声称"我们要想在中国文化运动史上尽一分责任，开设这一个小小的书铺子，我们不愿吹牛，我们也不敢自薄，我们只有竭我们的力设法搜求全国出版界关于这个运动的各种出版物，以最廉价格贡献于读者之前，这是我们愿负而能负的责任。现于民国十二年十一月一日起先行交易，待筹备完善后，再正式开幕"。

上海书店是人民出版社和新青年社的延续，是继人民出版社之后，中国共产党在上海建立的第二个出版发行机构，也是由党

[①] 罗章龙：《椿园载记》，生活·读书·新知三联书店1984年版，第286页。

中央直接领导的第一个对外公开挂牌的出版社。为此，新青年社的苏新甫经理亲自到沪与上海书店的负责人徐白民进行钱、财、物等方面的移交手续，原人民出版社所有留存图书和在广州代售的遗留欠账都交由上海书店接管。书店开始是利用在梅白格路（今新昌路）西福海里的一个私营印刷所——明星印刷所代理印刷发行，负责人是徐梅坤。后中央决定到闸北香山路香兴里自己办了一个国民印刷所，由倪忧天同志负责。

苏新甫继续留守广州，负责由中共广东组织领导的平民书社和中共中央政治局机关报《向导》杂志的发行工作，地址仍在昌兴街28号。平民书社翻印出版了《共产党宣言》等非常有影响的革命书籍。1923年6月15日，由瞿秋白负责主编的中共中央机关理论刊物《新青年》季刊创刊号在平民书社出版。瞿秋白翻译的斯大林著作《论列宁主义》中的《列宁主义概述》部分在《新青年》创刊号上发表。瞿秋白译的《国际歌》中文歌词和简谱，也首次与读者见面。《国际歌》早在20世纪之初，在我国就有了中译。但只是诗的形式，没有附曲，不适合唱诵，因此《国际歌》一直没能传唱开来。直到1923年6月，《新青年》季刊创刊号上发表了瞿秋白从法文译来的《国际歌》词和简谱，并于1923年6月在广州召开的中共三大上首次得以传唱。于是《国际歌》作为党的大会闭幕歌的"规矩"也就这样被确定延续了下来。《国际歌》开始在中国广泛传播。

1926年2月，上海书店遭军阀孙传芳查封，被迫转为地下。

后在上海宝山路找到一个新店址，以"宝山书店"的名义，继续秘密发行革命书刊。

9月，北伐军攻克武汉。湖北、湖南一带革命形势高涨，中共中央把临时机构迁至武汉，认为有必要在适当的地区重建一个公开的党的出版发行机构。

不久，中共中央分管宣传工作的瞿秋白、毛泽民选定在汉口后城马路（今中山大道）设立长江书店。原上海书店负责人徐白民受命前往汉口筹备长江书店，但他因病不能前往，遂改派在广州的原人民出版社和新青年社合并后的负责人、出版社的经理，现在广州主持平民书社的苏新甫前往负责具体的出版发行业务。1926年11月，长江书店在汉口隆重开业，主要销售向导社、新青年社、中国青年社和上海书店的出版物。这一天，武汉的主要报刊都刊登了长江书店开业的广告和书目预告。广告语用特别显眼的字体明示：本书店"继承上海书店营业"，"附设向导周刊社、新青年社、中国青年社总发行所，批发零售一切革命书报。所有上海书店从前对外账目改由本店全权清理"。长江书店还出版发行了瞿秋白翻译的《无产阶级之哲学》《共产党宣言》《湖南农民革命》等书籍。

开业三天，从广州、上海运来的书刊很快销售一空。为迅速解决长江书店的书源问题，毛泽民还积极创办了长江书店印刷厂，原上海书店印务局的倪忧天同志被调到汉口，负责筹办印刷厂，并将崇文堂印务局在鸿祥里分部的机器全部搬至汉口。大量重印新青年社、上海书店的出版物，同时也自行出版新书。如彭湃的《海丰农民运动》、毛泽东的《湖南农民运动考察报告》都是由汉口长江书店出版的单行本，公开发行。瞿秋白还亲自撰写了序言："中国的革命者个个都应当读一读毛泽东这本书。"

1926年底至1927年7月，武汉地区革命报刊统计表显示，原在广州、上海出版的《中国工人》《中国农民》《农民运动》等纷纷在汉出版。《武汉评论》《汉声周刊》《湖北农民》《湖北妇女》等进步报刊等纷纷在汉出版发行，深受人民群众欢迎。

长江书店开业期间，作为书店经销负责人，苏新甫一直都在书店负责具体的工作。无论进货出货，他所经手的钱财、账目都是清清楚楚、明明白白的。党内有遇到经济困难的同志找到他，他也总要想尽办法去帮助解决。包惠僧的例子，在上海、在广州、在武汉是他经常遇到的事。

随着北伐军的节节胜利，因革命形势迅速发展需要，党又决定设立上海长江书店。地址仍设在原来的上海书店旧址宝山书店，并在《民国日报》（1927年3月27日）等报刊载《〈向导〉〈新青年〉〈中国青年〉上海总发行所启事》："本社历年言论和奋斗精神，久为革命的民众所深知……现因革命军已到上海，本社为应革命的民众的需要起见，特先在上海闸北宝山路宝昌路口设临时发行所，准予本月27日开始交易。至正式铺面尚在修理，一俟竣工，正式开张。"3月31日的《民国日报》上登载《上海长江书店启事》："本店现受向导社、新青年社、中国青年社委托为上海总发行所,经售一切关于革命书报。现设总店于本阜(埠)闸北宝山路宝昌路口,分店则设于本阜(埠)南市西门中华路(即共和新影戏院隔壁)。"4月1日,《民国日报》上刊载了《上海长江书店启事》和几十种书目的大幅广告,宣布该店于4月10日正式营业,这样的广告连载多天,声势浩大,影响深广。

晚年苏新甫

苏新甫丢下了在钱庄工作的优裕生活,追随陈独秀参加革命,为中国共产党的党刊、党报、党的图书发行事业,作出了突出的贡献。他是我们党的出版发行工作的先驱者,虽不是共产党员,但却发挥了比一般共产党人更重要的作用。

从1920年中国共产党上海发起组成立,《新青年》成为发起组的机关刊起,苏新甫就一直紧跟陈独秀,在为我们党的出版发行事业忘我工作。1953年9月20日,包惠僧在其回忆录中说,"一九二〇年春,第二国际(按:即共产国际)的代表威基斯克(化名吴廷康)(按:即维经斯基)随苏俄大使优林来到中国","约在同年的夏天成立了中国共产党,在上海成立临时中央,推陈独秀为临时中央的书记","临时中央的通讯处是法租界大自鸣钟《新青年》发行部苏新甫转,重要的文件及工作的地点,在法租界老渔阳里二号"。①可见，苏新甫在我们党的初创时期还兼任了党的文件材料的收发工作。

1927年4月12日，蒋介石在上海悍然发动反革命政变，大肆逮捕和屠杀共产党人，国共两党分裂。4月底，在中共五大上，陈独秀虽然仍当选为总书记，但是已经没有实权了。7月12日，鲍罗廷遵照斯大林的指示，重新改组中共中央，由张国焘、张太雷、李维汉、李立三、周恩来组成中央政治局临时常务委员会。陈独秀被停职。

7月15日，汪精卫控制的国民党武汉政府也公开反共。7月20日，长江书店在汉口、上海被国民党反动派先后封闭。该店在年初设立的长江书店印刷厂也惨遭破坏，印刷器材、纸张被抢，厂长被抓。汉口长江书店从开业至结束约一年的时间，出版新书和重印书共47种，经销的书刊有数百种。8月4日，长江书店在《汉口民国日报》刊登"停业启事"。大革命宣告失败，党的组织遭到近乎毁灭性的打击，党中央和各级组织被迫全部转入地下。

8月7日，共产国际驻中国代表罗明纳兹在汉口主持召开中共中央紧急会议，即"八七会议"，实际上会议主席是李维汉，实际主持人是瞿秋白。会议批判和纠正了陈独秀的右倾机会主义错误，选出了由瞿秋白主持中央领导工作的新的临时中央政治局，确定了土地革命和武装斗争的总方针。毛泽东出席了这次会

---

① 包惠僧：《共产党第一次全国代表会议前后的回忆》，载《"一大"前后》（二），人民出版社1980年8月版，第312页。

议，并提出了著名的"枪杆子里面出政权"的论断。会议没有让陈独秀参加。

"八七会议"后的陈独秀，心态复杂。他有冤屈和愠怒，不与新的临时中央合作。他蛰居上海，写了许多文笔犀利的杂文，揭露国民党反动派和帝国主义；同时又向中共中央上书，对党内瞿秋白的左派暴动路线提出忠告。陈独秀拒绝参加党的六大，但对有关中国革命的策略和方针仍高度关注。1929 年 11 月 15 日，陈独秀因在中东路等问题上发表不同意见，并在检讨大革命失败与当前路线方针等重大问题上与党中央意见相左，被开除党籍。

在白色恐怖的环境下，苏新甫失去了与组织的联系，也无法再找陈独秀。他东躲西藏，在外四处颠沛流离，不敢回家。反动的安徽省清党委员会曾派军警对苏新甫在安庆的新市巷住宅进行了搜查，据苏新甫的女儿苏曼逸回忆说："这次搜查，我和妈妈（周德贞）都被带去审问，追问父亲在哪里。我们确实不知父亲在哪，当然，也就无从说起。家里阁楼上确有一批革命书刊，幸而没有被发现。所以才被放回。"[①]

由于生活艰难，居无定所，苏新甫患上了肺病，直到两年后，他才在形势相对稳定的情况下，悄悄地回到家中调养，但已病入膏肓，身体一日不如一日，于 1936 年病故于安庆新市巷寓中。

[①] 苏曼逸：《我的父亲苏新甫》，载安徽省陈独秀研究会、安庆市陈独秀学术研究会：《纪念〈新青年〉创刊九十周年》（陈独秀研究通讯之三），2005 年编印，第 37—38 页。

2005年9月15日，安徽省安庆市陈独秀学术研究会和安庆市历史学会联合召开"《新青年》杂志创刊九十周年纪念大会"。《新青年》杂志发行人苏新甫先生的女儿，97岁高龄的苏曼逸女士在与会者的热烈掌声中步上发言席，她回忆说，父亲苏新甫与陈独秀的关系密切，与陈望道、沈雁冰、瞿秋白等人也都相处得很好。她父亲苏新甫除发行《新青年》外，《每周评论》《向导》的发行工作也操办过。她们跟着父亲从上海到武汉，后又转到广州，跟随着陈独秀的革命事业。她父亲苏新甫虽不是中国共产党党员，在革命的低潮时，也同样受到了残酷的对待。①

最后，需要特别说明一点，有研究者依据《中国出版史料·补编》中，辛垦《忆北方人民出版社》一文中的"当时，这些优良出版物搜集来源，主要是由三方面：（一）当时保定群玉山房及世界图书馆（均在保定西大街路南）的经理苏馨甫先生保存下来一批，——由于我和他还熟悉，以贱卖的形式卖给我的（以个人面目活动，以适应白区环境的）……"②这段文字，就简单地认为保定群玉山房及世界图书馆（均在保定西大街路南）的经理苏馨甫先生"即主持过广州新青年社、汉口长江书店的苏新甫"③，这是不对的。此苏馨甫非彼苏新甫，两个人物的所在地也相隔千里之遥。

---

① 蒋跃进：《97岁老人的签名封》，中邮网2005年10月9日。
② 辛垦：《忆北方人民出版社》，载《中国出版史料·补编》，中华书局1957年5月版，第300页。
③ 见《人民出版社探源》。

《保定群玉山房的兴衰》载：保定群玉山房开业于清末民初，创始人为深泽县西门里王氏（王孝箴（1864—？），字勤生，与天津同益兴、祁州同德号都是连号），总柜设在西大街路南。主要是包销中华书局和世界图书馆出版的书，总经理苏兰田（保定新中国成立初为市工商联合会筹备会副主任、著名作家苏叔阳的祖父）。后来保定群玉山房就自己印刷出版书刊了。[①]

据考，"保定群玉山房及世界图书馆（均在保定西大街路南）的经理苏馨甫先生"，即是《保定群玉山房的兴衰》中的"苏兰田"，因其字"馨甫"，所以也常称其为"苏馨甫先生"，他是著名作家苏叔阳之祖父。苏家是亦儒亦商的大家族，苏兰田是一个爱国商人，从学徒做起，后升任保定群玉山房的总经理。群玉山房为中西合璧式二层楼，有房13间，专门包销中华书局、世界图书馆出版的各种图书、教科书，纸张则由驻沪申庄组织货源，在菊胡同还设有球拍厂。群玉山房在上海设有申庄，在哈尔滨设黑龙江群玉山房。除销售进步书籍外，还为协生印书局提供进步小说、马列著作和苏共、中共文件。所生产的兰田牌网球拍在万国博览会力挫群雄，得过金奖，是20世纪二三十年代保定著名的商业文化大户，有职工200余人。1934年，因售卖进步书刊，苏兰田被国民政府逮捕，以危害民国罪被判刑。家人典卖店铺，找人疏通，才把他救出来。回到保定，苏兰田壮志不已，又从摆

---

① 河北省政协文史委员会编：《河北近代经济史料 商业老字号》（下），河北人民出版社2002年11月版。

书摊开始，慢慢又开了一家经营文体用品的商店——正大山房，在保定也是很有名气的。后来，苏兰田曾任河北省工商联合会副会长、河北省民主建国会副主席。

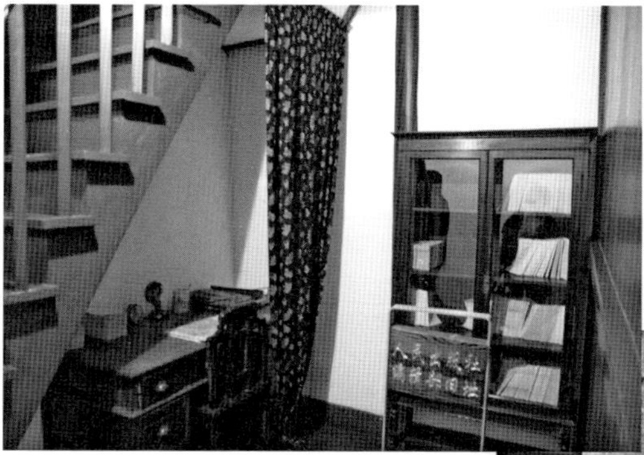

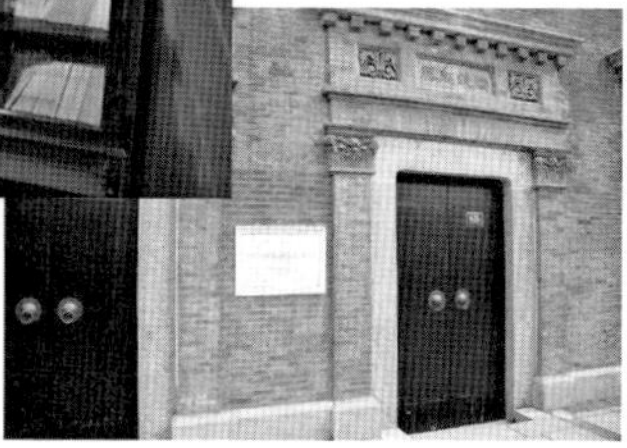

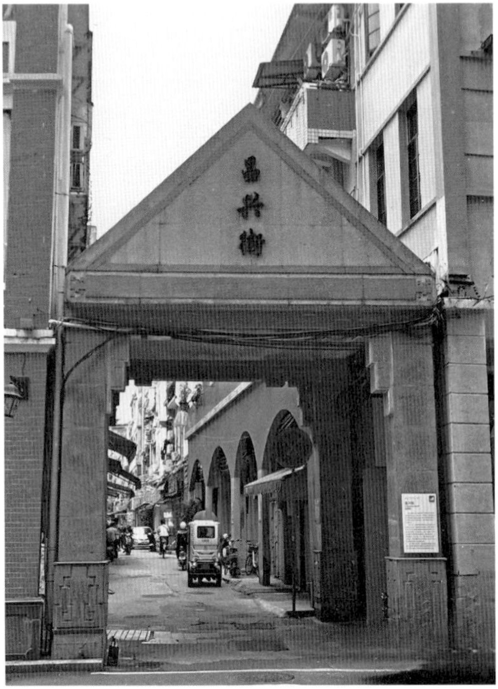
昌兴街

人民出版社历史大事记[1]
（1921—1950）

1921年

7月

23日，来自中国各地共产主义小组的代表共13人，参加了在中国最大、产业工人最集中的城市上海召开的第一次全国代表大会，其中包惠僧为陈独秀指定的代表，最后一天会议移至嘉兴南湖。大会宣告全国统一的组织中国共产党正式成立，通过了《党纲》与《关于当前实际工作的决议》，选举并产生了党的临时中央局。中央工作部仅三人：书记陈独秀、组织主任张国焘、宣传主任李达。

一大通过决议，"一切书籍、日报、标语和传单的出版工作，均应受中央执行委员会或临时中央执行委员会的监督……一切出

---

[1] 原载于《人民出版社大事记（1921—2011）》。此次发表，文字略有修订，并补上原稿的"编后记"，以便读者了解当年写作的历史背景。

版物，不论中央的或地方的，均应在党员的领导下出版"。为加强对马克思列宁主义理论的宣传，党中央决定秘密创建自己的出版机构——人民出版社。宣传主任李达因原本就是一位马克思主义理论家，翻译出版过多部理论著作，曾在中华书局做过编辑，同时又是《新青年》的编辑，并一直在主编《共产党》月刊，具有丰富的编辑出版工作经验，所以筹备工作指定由李达负责。

8月

编辑出版工作开始。党的第一个出版机构取名为"人民出版社"，寓意中国共产党的一切奋斗，归根到底都是为了人民，出版社的根本宗旨就是全心全意为人民服务，传播新思想、宣传新主义、增进民族大团结，勇敢担当起带领人民创造幸福生活、实现中华民族伟大复兴的历史使命。

北京代表刘仁静一大会后没走，留下来帮助筹办中央工作部，顺便协助李达筹建出版社。中央工作部没有工作人员。只有宣传工作方面雇了一个工人做包装书籍和递书籍的工作。出版社的编辑、校对、发行等工作都是李达一人，经费不够，靠给商务印书馆写稿拿点稿费来补贴。为便于工作，也便于隐蔽，编辑部就设在上海南成都路辅德里625号（现老成都北路七弄30号），即李达自己的家。

9月

由于党处于地下活动状态,为了保密,同时也为了迷惑敌人,出版物上的出版社名"广州人民出版社印行"大都是用铅字模印盖上去的,社址印的是"广州昌兴新街26号"。

10月

一大会后被留下协助李达筹办人民出版社的北京代表刘仁静于月中离开了上海。

11月

为迎接党的二大召开,陈独秀签发了党的第一个通告,明确提出"中央局宣传部(即人民出版社)在明年七月以前,必须出书(关于纯粹的共产主义者)二十种以上"。

人民出版社在由陈独秀主持出版的《新青年》杂志第九卷第五号(此期虽标明9月1日出版,但里面却有在11月完稿的文章,实际出版应是在11月后)上发布通告,简述创社宗旨与任务:"近年来新主义新学说盛行,研究的人渐渐多了,本社同人为供给此项要求起见,特刊行各种重要书籍,以资同志诸君之研究。本社出版品的性质,在指示新潮的趋向,测定潮势的迟速,一面为信仰不坚者祛除根本上的疑惑,一面和海内外同志图谋精神上的团结。各书或编或译,都经严加选择,内容务求确实,文章务求畅达。这一点同人相信必能满足读者底要求,特在这里慎重声明。"此通告还列出了计划出版和已经出版的49种图书书目,其中"马克思全书"15种,"列宁全书"14种,"康民尼斯特丛书"(即"共产主义者丛书")11种,其他书籍9种。

李达创办的《共产党》月刊第六号起交由人民出版社来发行。

1922年

5月

为了纪念马克思诞辰104周年和声援各地工人群众与革命斗争,出版社先后印发了大量纪念品和宣传品,并在5月5日编辑出版了《马克思纪念册》,这是在我国出版的第一本马克思纪念册,封面套红,印有马克思的半身像,内含《马克思诞生一百零四周年纪念日敬告工人与学生》,号召学习"马克思做一个苦战奋斗的战士";节选威廉·李卜克内西的《马克思传》介绍了马克思的生平活动及事业;《马克思学说》简要叙说了马克思关于剩余价值、唯物史观和阶级斗争的学说。纪念册发行达2万册,在全国产生了重大影响。

6月

至6月底，人民出版社共出书12种，其中"马克思全书"2种，《共产党宣言》《工钱劳动与资本》；"列宁全书"5种，《列宁传》《劳农会之建设》《讨论进行计划书》（即《论策略书》）、《劳农政府之成功与困难》《共产党礼拜六》；"康民尼斯特丛书"5种，《共产党底计划》（布哈林）、《俄国共产党党纲》《国际劳动运动中之重要时事问题》《第三国际议案及宣言》《俄国革命纪实》（托洛茨基）。以上12种各印3000份。

7月

中国共产党第二次全国代表大会在上海南成都路辅德里625号召开，大会讨论通过了《中国共产党第二次全国代表大会宣言》，《中国共产党章程》及9个决议案，制定了党的最高纲领和最低纲领。大会正式决定加入共产国际，成为共产国际的一个支部。进一步研究了马克思列宁主义著作的出版问题。大会依据《中国共产党章程》，选举产生了中央执行委员会，李达因与陈独秀发生矛盾，落选，陈独秀任中央执行委员会委员长，张国焘、蔡和森分别负责组织工作和宣传工作。宣传出版工作改由蔡和森负责。

情绪低沉的李达会后前往长沙担任何叔衡、毛泽东创办的湖南自修大学的学长（即校长）。由于李达的精力分散，二大后人民出版社上海的工作处于一个无人值守的真空，陈独秀遂决定将人民出版社全部迁至广州，与其领导下的新青年社合并。

《新青年》第九卷第六号出版。新青年社地址从原26号改迁至其隔壁，人民出版社的社址也遂改为了"广州昌兴马路28号"。

人民出版社 1921—1922 年在广州公开的社址
（新青年社），现昌兴街 28 号、26 号

人民出版社历史大事记（1921—1950）

新青年社旧址介绍牌

9 月

人民出版社新出版的图书还有：马克思的《资本论入门》、列宁的《国家与革命》，以及《劳动运动史》《两个工人谈话》《太平洋会议与吾人之态度》《李卜克内西纪念》等。此外，为声援香港海员大罢工和上海英美烟草公司、浦东纺纱工人罢工，及时印发了大量文章、传单。这些宣传品战斗性很强，有力地配合了党的宣传工作。

1923 年

是年暑期，李达在上海与陈独秀就"国共合作""二次革命"问题再次发生了激烈争执。李达因不满陈独秀的家长作风，连不久将在广州召开的中共第三次全国代表大会也没去参加，而是回到长沙，愤而中断了与陈独秀主持的党中央的联系，不久即离开了党的组织。

11月

中共三大后，中共中央搬回上海。人民出版社因广州偏僻，工作、经费都很困难，也随之迁回上海，在南市小北门民国路租房，改称"上海书店"，于"十一月一日起先行交易"。

上海书店是人民出版社和新青年社的延续，是继人民出版社之后，中国共产党在上海建立的第二个出版发行机构，也是由党中央直接领导的第一个对外公开挂牌的出版社。为此，原人民出版社、新青年社的苏馨甫经理亲自到沪与上海书店的负责人徐白民进行钱、财、物等方面的移交手续，原人民出版社所有留存图书和在广州代售的遗留欠账都交由上海书店接管。

上海书店专门经销马克思主义著作等革命书刊和印行党的所有对外宣传刊物。如陈晓风（陈望道）译《共产党宣言》、党的机关刊物《向导》等。为避免反动当局的注意，转移敌人视线，还代销其他出版单位的书刊。

书店开始是利用在梅白格路（今新昌路）西福海里的一个私营印刷所——明星印刷所代理印刷发行，负责人是徐梅坤。后中央决定到闸北香山路香兴里自己办一个国民印刷所，由倪忧天同志负责。

广州另成立平民书社,由苏新甫负责。

1924 年

2 月

党中央二次执委会召开,决议通过与国民党实行国共合作。这一时期,宣传因人力不足,许多计划都未能按计划完成,只有"《向导》尚能按(期)出版"。

1925 年

3 月

中国民主革命的先行者孙中山先生去世,为"借追悼会做广大的宣传,尤其要紧的是根据中山遗言做反帝及废约宣传",上海书店紧急编印了《中山遗言》。

8 月

李春藩(柯柏年)译《哥达纲领批判》作为"解放书丛"第

一种在上海书店出版，印数 2000 册很快销售一空。随着革命形势的好转，为满足全国各地对上海书店出版物的需要，书店建立了自己的印刷所，也是我们党自办的第一个地下印刷机构，对外称"崇文堂印务局"，由中央宣传部的倪忧天同志担任经理，毛泽民负责发行。同时在各地建立发行机构，如长沙文化书社、湘潭书店、南昌明星书店、广州国光书店、潮州韩江书店、太原明星书店、安庆新皖书店、青岛书店、重庆新署书店、宁波书店、海参崴五一书店。此外，在巴黎设有一书报社，香港一代售处，专门负责上海书店的出版物。这样就形成了以上海书店为中心的马克思主义著作和革命书报的发行销售网。

毛泽民在上海

1926 年

1月

李春藩（柯柏年）译《哥达纲领批判》出版后受到读者的欢迎，又重新加印第二版。

军阀孙传芳以"印刷过激书报，词句不正，煽动工团，妨碍治安"等罪名将上海书店查封。

6月

中央决定在武汉开设长江书店，派徐白民前去筹办，但徐白民因病回家休养未能成行。倪忧天奉调筹办长江书店印刷厂，将崇文堂印务局在鸿祥里分部的机器全部搬至汉口，剩下新闸路新康里（今西斯文里）分部的业务全部由毛泽民及彭礼和负责。

12月

1日，长江书店在汉口隆重开业，调在广州的原新青年社经理苏馨甫前来汉口负责，书店主要销售向导社、新青年社、中国青年社和上海书店的出版物。当天，武汉的主要报刊都刊登了长江书店开业的广告和书目预告。广告语用特别显眼的字体明示：

本书店"继承上海书店营业","附设向导周刊社、新青年社、中国青年社总发行所，批发零售一切革命书报。所有上海书店从前对外账目改由本店全权清理"。长江书店还出版发行了瞿秋白翻译的《无产阶级之哲学》《共产党宣言》《湖南农民革命》等书籍。

中共五大后，国共合作，中共中央新设置了中央出版局，张太雷任局长。广州新青年社又以"人民周报社"的名义出版了《我们为什么斗争》，内有周恩来写的《国民革命及国民革命势力的团结》《现时广东的政治斗争》《现时政治斗争中之我们》三篇，还有论广东工潮、农潮与学潮三文。

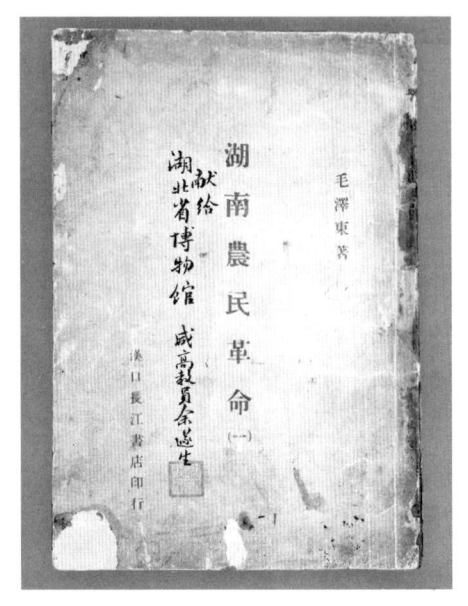

汉口长江书店出版的毛泽东著《湖南农民革命》

1927 年

北伐军攻克武汉后,为适应革命形势的发展,中共中央把机构迁至武汉,同时决定恢复在上海的出版机构,建立上海长江书店。

3 月

8日,为纪念国际劳动妇女节,长江书店出版了《赤女杂志》创刊号,登载了列宁在莫斯科女工大会上的演说。

长江书店出版的《赤女杂志》创刊号

4月

蒋介石在上海悍然发动"四一二"反革命政变,大肆捕杀共产党人和革命群众。上海长江书店被封闭。

7月

汪精卫控制的国民党武汉政府也公开反共。汉口长江书店被国民党反动派封闭。

大革命宣告失败,党的组织遭到极大破坏,党中央和各级组织被迫转入地下,继续进行不屈的斗争。

8月

7日,党中央召开紧急会议,总结了大革命失败的经验教训,坚决纠正和结束了陈独秀的右倾机会主义错误,会议确定以土地革命和武装反抗国民党反动派的屠杀政策为党在新时期的总方针,并把发动农民举行秋收起义作为党在当时的最主要任务。会议选举了新的临时中央政治局,由瞿秋白主持中央工作。新的临时中央政治局决定设立中共中央北方局、南方局和长江局,决定王荷波任北方局书记,蔡和森为秘书;张太雷赴南方局,任广东省委书记;罗亦农赴长江局工作;毛泽东去湖南领导秋收起义。

1928 年

八七会议后,临时中央从汉口又迁回上海,宣传、出版工作由郑超麟负责,出版局撤销。中央又在上海成立了地下出版社"无产阶级书店",在白色恐怖的严酷环境里,无产阶级书店出版了《列宁论组织工作》等马克思主义书籍和共产国际以及党的一些文件。

1929 年

无产阶级书店遭封闭后,又成立了华兴书局,继续出版发行马克思主义理论书籍和党的重要文件。

1930 年

3 月

华兴书局在极艰难的情况下翻译出版了相当一批马克思主义经典著作和有关俄国革命的书籍,对马克思主义的深入传播和鼓舞人民的革命斗志,推动革命形势的发展起到了积极的作用。如精心组织编辑出版了《马克思主义的基础》,作为"社会科学丛书"的一种,里面包括了马克思恩格斯的六篇著作,该书出版后的数年间曾不断重印再版。

华兴书局还出版了华岗重译的《共产党宣言》，这是在我国出版的第二个全译本。比起陈望道的第一个全译本，在翻译质量上有了很大的提高。此书未署译者真名而是署名"潘鸿文编"（华岗的化名），书中除包含他翻译的《共产党宣言》和三篇德文版序言外，还收入了恩格斯的《共产主义原理》和马克思的《雇佣劳动与资本》两篇文章，并将《共产党宣言》改名为《一八四七年共产主义宣言》。

是年，华兴书局又遭封闭，改名"启阳书店"，后又更名"春阳书店"，继续出版发行图书。

1931 年

9 月

20世纪30年代初，北方各省很难看到党中央在上海秘密出版的革命书刊。为了宣传马列主义和党的主张，党闻悉在保定有进步人士开设的协生印书局，先试印了两本书：一本是张伯简译《各时代社会经济结构原素表》；一本是瞿秋白著《社会科学概论》，但把封面印成了布浪得尔著、杨霞青译的《社会科学研究初步》。取得成功后，遂决定在保定沿用"人民出版社"的名义有时加用"北方"两字印刷发行上海已出版的革命书刊。党的保属特委命地下党员王辛民（后改名王禹夫）负责，继承原上海、广州人民出版社及新青年社、上海书店、长江书店、华兴书局的革命传统，重印和新编图书五六十种，如"左翼文化丛书"、"人民文化丛书"（又称"大众文化丛书"）等。其中《马克思主义的基础》一书中包含了《共产党宣言》及《雇佣劳动与资本》，重印了列宁的《国家与革命》《两个策略》等一批经典著作及共产国际的文件。为防止反动派的检扣查禁，有些书还使用了"北国书社""人民书店""新生书社""新光书店"等名义出版或发行。有时还更改著译者姓名和书名，或者把封面伪装起来。

书店还将华兴书局出版的图书，通过秘密渠道，直接运往华北地区销售，是上海华兴书局在华北地区的一个重要发行处。

11月

中国共产党在江西瑞金根据地召开中华苏维埃第一次全国代表大会，选举产生了中华苏维埃共和国临时中央政府，并设立中央出版局，负责苏区根据地新闻出版书报刊的审定管理和发行。局长朱荣生，后由张人亚继任。因没有一个正规的出版机构，故这一时期的书刊都是由各主管部门自己分头署名出版印行。中央苏区的出版印刷设备简陋，条件极其艰苦，在敌人的严密封锁和不断的"围剿"下，仍然出版了成百上千种图书，为宣传党和苏维埃政府的各项政策，指导根据地建设，发展苏维埃文化教育事业作出了重要贡献。

中华苏维埃共和国临时中央政府中央出版局旧址

1932 年

7 月

国民党反动当局镇压保定学潮，王辛民被通缉，北方人民出版社的社务被迫暂停，王辛民被调至北平，市委唐锡朝（即唐明照）等负责同志要求他继续负责北方人民出版社的工作。随后，北方人民出版社又在北平出版了列宁的《苏联革命过程中的农业问题》等书。

1937 年

4 月

中国工农红军各方面军经过艰苦的行程会聚陕北后，党中央十分重视革命书刊所起的宣传及先导作用。在陕北根据地延安成立了中共中央出版发行部，李富春任部长。成立"解放社"，并在 24 日出版了《解放》周刊创刊号。马恩列斯经典著作与毛泽东著作用"解放社"名义出版，有时也用"人民出版社"名义出版，而一般的社会科学读物则用"新华书局"的名义出版。

10 月

袁西樵主编的《毛泽东论中日战争》，在延安用"陕西：人民出版社"名义出版，内含美国记者斯诺与毛泽东访谈的重要片段（史诺录，汪衡译）《毛泽东论中日战争》，《人民之友》杂志上登载的毛泽东与北方青年的谈话《抗日民主与北方青年》，中共中央关于国共合作，一致抗日的《中国共产党宣言》《中国共产党抗日救国十大纲领》等。《毛泽东论中日战争》一书初版后很快销完，当月就紧接着再版，书内又增补了《论反对日本帝国主义进攻前途的办法与方针》《关于联合战线》《关于停战抗日之重要谈话》三篇文章。陕西人民出版社还在书内刊登广告，代销《外国记者——西北印象记》等书。

12月

七七事变后，国民政府正式对日本宣战，第二次国共合作形成，中共中央派出周恩来为首的中共代表团常驻国民党中央政府所在地，同国民党继续进行谈判，并在武汉设立中共中央长江局，建立"中国出版社"，作为在国统区以民间企业出现的出版机构，以区别于共产党的公开宣传机关的《新华日报》及其附设的出版部。中国出版社的社名由毛泽东题写，中国出版社不另立机构，完全委托新知书店办理，凡用中国出版社名义出版的书籍，书稿一律送凯丰决定。在汉口时期，中国出版社与延安解放社南北呼应，许多重要图书，同一译者同一版本几乎是在同一时间出版，一般只有两三个月的间隔。

是年，中国出版社出版了《共产主义运动中的"左"派幼稚病》《论反对派》《国家与革命》《列宁主义问题》《吴玉章抗战言论选集》等书。

1938 年

3 月

中国出版社出版《马克思恩格斯论中国》，译者方乃宜。该书原由莫斯科外国工人出版社 1937 年出版。

5 月

解放社出版了《马克思恩格斯论中国》。

6 月

在延安成立的马列学院专门抽调人力设立编译部，编译"马克思恩格斯丛书"和多卷本《列宁选集》《斯大林选集》交解放社。

《社会主义从空想到科学的发展》由解放社出版。

8 月

《共产党宣言》由解放社出版。

9月

党的六届六中全会召开，决定撤销长江局，成立南方局，代表党中央领导南方国民党统治区和沦陷区党的各项工作，书记周恩来。

10月

武汉沦陷后，中国共产党机关报《新华日报》馆从汉口迁至重庆，《新华日报》在南方局的指导下编译马列著作，翻印了大量上海书店、解放社的图书及国内外的一些进步报刊，同时还自编出版了许多宣传品。

《新华日报》总馆重庆渝中区化龙桥虎头岩村旧址

11月

中国出版社出版《社会主义从空想到科学的发展》。还出版了马克思、恩格斯的《共产党宣言》(成仿吾、徐冰译)，列宁的《左派幼稚病》(纪华译)、《共产党党章》。吴黎平、刘云合译的《法兰西内战》由解放社出版。

解放社与中国出版社分别出版的《斯大林选集》第一卷、第二卷

1939年

解放社出版了《斯大林选集》，以及《马克思恩格斯论中国》《列宁斯大林论中国》《政治经济学论丛》等书。

《新华日报》馆2月重印出版了吴黎平、刘云合译的《法兰西内战》，六卷本《列宁选集》。

中国出版社出版了伯虎、流沙译《列宁选集》（第8卷），毛泽东《论持久战》，赵飞克等译《苏联概况》。

7月

下旬，南方局发出秘密工作条例。要求各地党的组织从半公开形式转到基本是秘密（地下党）的形式，并实行与此相适应的工作方法；建立完全的秘密的机关，严禁无直接工作关系的同志进入这些机关，相互联系改用个别接头方式进行；党员和党的组织都不得违反秘密工作原则，党员被捕后，不得轻易承认自己是党员，在万不得已须承认自己是共产党员时，也绝不能暴露任何党的秘密和组织情况，绝对不能供出其他同志。

8月

针对严酷的形势，25日，中共中央作出《关于巩固党的决定》。指出"党的发展一般的应当停止"，要从"思想上、政治上、组织上巩固党"；要精干组织，隐蔽力量；对已暴露的干部一部分撤回延安，一部分调换工作区域。

1940 年

1 月

在国民党顽固派的反共高潮下,南方局根据中央书记处的指示,立即同《新华日报》馆进行研究,组织各方力量,将延安出版的《新中华报》《共产党人》《解放》《军政杂志》等报刊的社论和重要文章印成小册子,通过秘密的发行网点及其他各种方式进行散发。

9 月

中共中央发出《关于开展敌后大城市工作的通知》(第一号),为了在全国范围内开展敌后城市工作,中央成立了敌后工作委员会,领导与推动整个敌后城市工作,由周恩来总负责,康生副之,以重庆为推动整个南方敌后城市工作的中心,以延安为推动整个北方敌后城市工作的中心。

12 月

南方局组织力量,将半年来国共双方来往电文和国民党的反共文件汇印成册秘密发出,并通过外国朋友把材料带到香港,向国外宣传，揭露蒋介石国民党长期媚外反共的真相。

1941年

1月6日，国民党反动派制造了震惊中外的皖南事变，并加速对共产党人及进步组织的迫害和打压，掀起又一轮新的反共高潮。重庆《新华日报》馆已不能正常出版。

1942年

解放社出版《马、恩、列、斯思想方法论》。同年5月1日，正式在延安启用"新华书店"的名义，统一负责北方革命根据地图书的编辑出版与发行工作。同时在南方，由南方局周恩来领导的《新华日报》馆承担了南方国统区进步图书的编辑出版与发行工作，出版了毛泽东的《新民主主义论》《论联合政府》《延安文艺座谈会上的讲话》和党的《整风文件》等。为了保存进步出版力量和继续进行斗争，地下党又在上海、武汉、北平、广州等地组建"联营书店""华夏书店""骆驼书店"等一批新的进步书店。在武汉的联营书店专营：一、苏联大使馆送的莫斯科版苏联书刊；二、重庆《新华日报》馆出版的毛泽东著作和党的文件；三、香港和上海出版的刊物《群众》《文萃》。

9月

周恩来致电中宣部凯丰转国民党军事委员政治部文化工作委员会，谈及大后方文化活动近况时称，"出版界最近由于印刷和检查的限制，出版新书甚不容易，加上经济困难，读者购买力极为薄弱，于是无法销售，因之书店都不敢出版新书"，以抗议国民党当局对进步书刊的压制。

中国出版社出版了薛暮桥著《中国革命问题》。

1943年

因革命形势的需要，在重庆的新华日报社将党领导的生活书店、读书书店和新知书店三家书店合并到旗下，统一对敌斗争。与此同时，在北方，新华书店与三联书店在延安办的华北书店合并后，统称"新华书店"，规模扩大，业务逐步发展，但具体业务仍分区进行。如晋察冀新华书店、冀鲁豫新华书店、山东新华书店等，许多经典著作出现了多个版本。

延安新华书店旧址

1945 年

8月15日，日本帝国主义宣布无条件投降，抗日战争取得了最后胜利。根据中共中央指示，在大后方的各出版社立即返回原地，恢复业务，抢占出版阵地。三联书店的三线书店华夏出版社回到上海用"中国出版社"名义出版了毛泽东《论联合政府》，文艺读物《腐蚀》《李有才板话》。由于多家出版社离开，有21家出版社把自己原在重庆及西南的发行业务交给三联书店。

10 月

22日，在重庆民生路二楼举行生活书店、读书书店、新知书店三店正式合并，成立重庆三联分店，设立联合生产部，所出图书续用"人民出版社"的名义，所出刊物定名为"人民丛刊"。

（美）爱泼斯坦等著《毛泽东印象》以"重庆人民出版社"名义出版。

1946年

在解放战争不断取得胜利，根据地不断扩大的情况下，广大干部群众对马克思主义毛泽东著作的需求日益高涨，各根据地和新解放区根据中央"每个根据地都要建立印刷厂，出版书报，组织发行和输送机关"的指示，陆续建立起新华书店。这些书店虽名称一样，但都是分散经营，相互之间没有上下级关系，其业务大都是重印延安解放社出版的马列主义著作和党的文件。

朱德《论解放区战场》由中国出版社出版。

1947年

2月

28日午夜，国民党当局封闭《新华日报》馆，人员被拘禁。

3月

经中共中央及吴玉章多方交涉,从月初至11日,《新华日报》遭拘禁人员被释放,全部撤回延安。

11月

为纪念《共产党宣言》诞生一百周年,中国出版社在香港出版了1938年延安解放社出版的成仿吾、徐冰译马克思、恩格斯《共产党宣言》,(美)史特朗著、孟展译《毛泽东的思想》。

1948年

10月

随着解放战争全面胜利在望,26日,根据党的指示,国统区的三联书店彻底合并,在香港成立了生活·读书·新知三联书店总店,利用其特殊的地理位置,统一经营,成为中共对海外宣传的重要窗口。

1949 年

2 月

北平解放，中共中央宣传部设置出版委员会，领导全国出版事业的整顿和恢复工作。出版委员会主任委员为黄洛峰，副主任委员为华应申、祝志澄。陆定一部长传达周恩来指示："出版工作需要统一集中，但是要在分散经营的基础上，在有利和可能的条件下，有计划地有步骤地走向集中统一。"

9 月

胡愈之被聘为新华书店总编辑，开始负责出版工作。

10 月

中华人民共和国成立后，中央人民政府政务院设立出版总署，任命胡愈之为署长，叶圣陶、周建人为副署长，胡绳担任办公厅主任。中央宣传部出版委员会改制，其工作移交出版总署。黄洛峰改任出版总署出版局局长，原出版委员会副主任委员华应申、祝志澄改任副局长。

同月 3—9 日，全国新华书店举行第一届工作会议通过了统一经营的决议。毛泽东主席亲笔为会议题词"认真作好出版工作",朱德总司令到会讲话,并为会议题写了"加强领导,力求进步"。

解放社出版了何思敬译的马克思《哲学的贫困》。

全国新华书店出版工作会议代表合影(1949年10月3日)

1950 年

3 月

新华书店第一届工作会议《关于统一全国新华书店的决定》报请政务院文教委员会审议,17日获得批准。

4月

1日，新华书店总管理处正式成立。出版局把前出版委员会带到出版总署的出版业务工作移交总处接办。新华书店总管理处成为隶属于出版总署、受总署出版局直接领导之企业机构，总处以下，各大行政区设新华书店总分店，全国各地新华书店的业务均归新华书店总管理处领导。总管理处分出版部、厂务部、发行部三大专业部门，各大行政区的新华书店总分店也分这三个专业部门，省地县的新华书店，一般不再承担出版任务，是单一的发行机构。

8月

全国新华书店8月29日—9月10日在北京举行第二届工作会议，讨论与解决出版、印刷、发行进一步分工专业化的问题，会议通过了《关于统一全国新华书店的决定》《关于成立人民出版社》《关于今后新华印刷厂工作》《关于今后新华书店工作》决议和决定。明确了书店为专营化发行的机构，把出版关于马列主义的译著和毛泽东思想的著作列为出版工作的重点内容之一。为编辑出版独立，重建党的出版机构——人民出版社做好了准备。

9月

第一次全国出版工作会议 15 日在北京召开，会议确定了出版事业为人民服务的方针，并正式决定把过去分散经营的新华书店统一为全国性的国有企业；又将兼营出版、印刷、发行的新华书店分工专业化，所属出版部门划分出来成立中央和各地人民出版社。在出版总署下发的《关于国营书刊出版印刷发行企业分工专业化与调整公私关系的决定》第九条明确指出："人民出版社为国家首要的出版机关，必须以很认真与负责的态度为人民服务；必须保证出版物内容上与形式上一定高度的水平；必须密切配合每个时期的政治任务与政策要求；必须努力发动和培养各方面的著作力量，与各有关方面建立广泛联系，组织各方面的稿件，并进行加工。"

1950 年 12 月 18 日人民出版社成立大会签名纪念

12月

1日，历经近30年风雨的人民出版社在北京重新设立，新华书店总管理处出版部连同出版总署编审局的二、三处合并为人民出版社，成为党和国家最重要的出版机构，胡绳任社长，华应申任副社长兼总经理，王子野任副社长兼总编辑。社址设在东总布胡同10号。在此之前以"新华书店""解放社"名义出版的图书及编辑出版业务全部转为由人民出版社办理。

18日，人民出版社召开成立大会。中共中央宣传部部长陆定一、出版总署署长胡愈之、副署长叶圣陶到会祝贺并讲话。陆定一部长在讲话中指出，出版政治、社会科学书籍是国家出版社重大而严肃的任务，人民出版社就要担负这一任务。他勉励全社同志认真严肃地来完成这一艰巨而光荣的任务。胡愈之署长在讲话中强调了人民出版社作为国家政治书籍出版社的重要地位，指出："虽然人民出版社为出版总署直属的企业机关，但它在政治思想上应直接接受中共中央宣传部的领导，同时它也应当负起领导各地方人民出版社的责任。"

人民出版社，北京朝阳门内大街 166 号

21 日，周恩来总理为出版工作者题写："为努力于人民出版事业，望百尺竿头，更进一步！"

21—22 日，人民出版社第一次社务会议召开。会议讨论了 1951 年计划要纲，1951 年编辑计划，1951 年财务及生产计划要纲，社组织条例，追任社科级干部名单，确认编审、编辑及助理编辑名义，建立预算制度及制定 1951 年第一季度预算，图书出版部与期刊出版部联合提出的五项提案等。

人民出版社成立后，《新华月报》《时事手册》《人民教育》《人民文学》《人民美术》等 14 种杂志转由人民出版社主办。全社共有工作人员 219 名。

编后记：

人民出版社的历史到底应从何时起算？1921年党在上海建立的人民出版社，与今天的人民出版社有无关联？在我阅读了网上和有关同志的文章，并查阅了党的一大前后的有关资料及李达同志回忆录、中共中央南方局党史资料、三联书店大事记等史料后，拉出了一个人民出版社历史大事记，虽说是一个粗线条，其中还有不少问题需要补充和再证实，但已经能很清楚地证明：1921年党在上海建立的人民出版社，与新中国成立后的人民出版社是一脉相承的。人民出版社今年完全可以与我们的党一同来热烈庆祝自己的九十华诞。1954年2月23日，李达在写给上海革命博物馆的一封信中提出："还有辅德里六二五号的房子，作为人民出版社的纪念馆，似乎也是可以的。"

人民出版社社史问与答

2010年底到2011年初，正当社里开始筹划隆重庆祝人民出版社成立九十周年之际，社里社外有少部分同志对人民出版社建社九十周年表示质疑并递交了书面意见要求予以解答。为此，受社领导委托，我根据提出的38个问题，逐一进行了如下文字回复。

1. 人民出版社成立于哪一年？

答：人民出版社成立于1921年中国共产党第一次全国代表大会召开之后，具体时间应为1921年夏秋之交的8月。

2. 20世纪中国历史上为什么有两个"人民出版社"成立？它们之间是一个机构的继承发展还是同一个机构的重建？还是两个新的出版机构的构建？为什么？

答：20世纪中国历史上不是有两个"人民出版社"成立，而是有数个"人民出版社"的出现，如1921年至1923年在上海、广州，1926年在广州，1931—1932年在保定、北平，1938年在延安，1945年在重庆，都分别出现了以"人民出版社"名义出版的图书版本。到1948、1949年，更是有华北人民出版社出版的众多图书，这是革命事业的延续和继承。

3. 1921年9月成立的"人民出版社"是谁领导？谁是第一任社长？出书方针是什么？

答：人民出版社是由一大选举产生的党的中央局宣传主任李达创办的，他既是党的宣传主任，又是出版社的社长兼总编辑，还是具体的办事员，整个宣传、出版工作就他一人负责。据李达自己本人后来回忆，中央工作部"并无工作人员。只有宣传工作方面雇了一个工人作包装书籍和递书籍的工作"。出版社的编辑、校对、发行实际上就他自己一人，经费不够，靠给商务印书馆写稿拿点稿费来补贴。

人民出版社的出书方针，在人民出版社公开刊登在《新青年》杂志第九卷第五号上的通告中就已明确指出："近年来新主义新学说盛行，研究的人渐渐多了，本社同人为供给此项要求起见，特刊行各种重要书籍，以资同志诸君之研究。本社出版品的性质，在指示新潮底趋向，测定潮势底迟速，一面为信仰不坚者袪除根本上的疑惑，一面和海内外同志图谋精神上的团结。各书或编或译，都经严加选择，内容务求确实，文章务求畅达。这一点同人相信必能满足读者底要求，特在这里慎重声明。"

4. 1950年12月成立的"人民出版社"背景是什么？是谁领导？谁是第一任社长？出书方针是什么？

答：1949年10月3—9日，全国新华书店举行第一届工作会议，通过了统一经营的决议。毛泽东主席亲笔为会议题词"认真作好出版工作"，朱德总司令到会讲话，并为会议题写了"加强领导，力求进步"。1950年3月，新华书店第一届工作会议的决议经出版总署批准后予以颁布。8月29日—9月10日，全国新华书店第二届工作会议在北京举行，讨论与解决出版、印刷、发行进一步分工专业化的问题，会议通过了《关于统一全国新华书店的决定》《关于成立人民出版社》《关于今后新华印刷厂工作》《关于今后新华书店工作》决议和决定。明确了书店为专营化发行的机构，把出版关于马列主义的译著和毛泽东思想的著作列为出版工作的重点内容之一。为编辑出版独立，重建党的出版机构——人民出版社做好了准备。

1950年9月15日，第一次全国出版工作会议在北京召开，会议确定了出版事业为人民服务的方针，并正式决定把过去分散经营的新华书店统一为全国性的国有企业；又将兼营出版、印刷、发行的新华书店分工专业化，所属出版部门划分出来成立中央和各地人民出版社。在出版总署下发的《关于国营书刊出版印刷发行企业分工专业化与调整公私关系的决定》第九条明确指出："人民出版社为国家首要的出版机关，必须以很认真与负责的态度为人民服务；必须保证出版物内容上与形式上一定高度的水平；必须密切配合每个时期的政治任务与政策要求；必须努力发动和培养各方面的著作力量，与各有关方面建立广泛联系，组织各方面的稿件，并进行加工。"

12月1日，历经近30年风雨的人民出版社在北京重新设立，成为党和国家最重要的出版机构，胡绳任社长，华应申任副社长兼总经理，王子野任副社长兼总编辑。社址设在东总布胡同10号。在此之前用"新华书店""解放社"名义出版的图书及编辑出版业务全部转为由人民出版社办理，三联书店的社会科学著作出版部分也并入人民出版社。

12月18日，人民出版社召开成立大会。中共中央宣传部部长陆定一、出版总署署长胡愈之、副署长叶圣陶到会祝贺并讲话。陆定一部长在讲话中指出，出版政治、社会科学书籍是国家出版社重大而严肃的任务，人民出版社就要担负这一任务。他勉励全社同志认真严肃地来完成这一艰巨而光荣的任务。胡愈之署长在讲话中强调了人民出版社作为国家政治书籍出版社的重要地位，指出："虽然人民出版社为出版总署直属的企业机关，但它在政治思想上应直接接受中共中央宣传部的领导，同时它也应当负起领导各地方人民出版社的责任。"21日，周恩来总理为出版工作者题写："为努力于人民出版事业，望百尺竿头，更进一步！"

5. 第一次国内革命战争时期，人民出版社为什么没有在中央革命根据地重建？ 1931年底在江西瑞金成立的中华苏维埃共和国中央出版局，除负责审批各部门申报出版发行的报刊书籍、指导下级出版单位的业务工作外，还编辑出版一些书籍，是中央苏区具体从事出版发行工作的机构。和人民出版社有组织沿革关系吗？它为什么在中央国家机关溯源中被认为是新闻出版总署的前身？

答：1931年11月，中国共产党在江西瑞金根据地成立中华苏维埃共和国临时中央政府，并设立中央出版局，也就是今天新闻出版总署的前身，负责苏区根据地新闻出版书报刊的审定管理和发行。局长朱荣生，后由张人亚继任。在红色政权存在的三年间（1931.11—1934.10），因条件所限，没有能设立专门的出版机构，故这一时期的书刊都是由各主管部门自己分头署名出版印行的。如中央出版局、中央教育人民委员部编审委员会、中央教育人民委员部编审局、艺术局，地方苏维埃政府的编审出版机构，工农剧社编审委员会，工农美术社，马克思主义研究总会编译部、文化研究组，马克思共产主义学校编审处，中共中央局党报委员会，中央革命军事委员会出版局，中央革命军事委员会编译委员会，中华苏维埃共和国中央军事政治学校编审出版科，中国工农红军学校出版科，中国工农红军卫生学校出版科，中国工农红军大学出版科等。中央苏区的出版印刷设备简陋，条件极其艰苦，在敌人的严密封锁和不断"围剿"下，仍然出版了成百上千种图书，为宣传党和苏维埃政府的各项政策，指导根据地各项建设，发展苏维埃文化教育事业作出了重要贡献。

6. 1921 年 9 月成立的"人民出版社"的历任领导和组织沿革如何？它是中国共产党领导的人民出版事业的最早的开端吗？为什么？有人将人民出版社在沿革上试列图如下：人民出版社成立于上海（1921 年 9 月 1 日）→合并于广州新青年社（1923 年 1 月）→广州新青年社移交至上海书店（1923 年 10 月）→上海书店移交至（汉口）长江书店（1926 年 11 月）→上海长江书店

成立（1927年4月）→上海长江书店移交至无产阶级书店（1928年）→华兴书局成立（1929年）→（广州）人民出版社、华兴书局等出版社的部分出版物由（保定）人民出版社刊印（1931年9月）→党的其他出版机构→新华书店成立于延安（1937年4月）→出版委员会成立（1949年2月，11月改组为中央人民政府出版总署）→第一届全国出版工作会议召开，成立新华书店总管理处（1949年10月）→全国新华书店召开第二届工作会议，通过《关于成立人民出版社的决议》（1950年8月18日至9月10日）→《出版总署关于国营书刊出版印刷发行企业分工专业化与调整公私关系的决定》公布（1950年10月28日）→人民出版社复建（1950年12月1日）。以上的"沿革"合适吗？是研究课题还是结论？特别是组织机构的成立或沿革，只凭个别人的回忆轻下断语，没有档案、资料证明，科学性如何？行政的办法可行吗？科学的研究怎样进展？历史的事实怎样认定？

答：人民出版社的历史不是一个简单的延续和沿革，因为它是在一种特殊的环境里诞生的我们党的一个最权威的出版机构，在1949年夺取政权前，除了两次短暂的国共合作，党一直处于艰难的地下秘密状态。因此，作为党的出版机构也不可能平稳安定，既要很好地完成党在各个时期的宣传出版任务，同时又要时刻躲避反动当局的检查、封门和搜捕！这就需要不断地改变斗争的艺术及工作的方式方法。在那白色恐怖的艰难环境里，共产党人冒着生命危险和资金的匮乏，面对反动派的搜捕与屡屡破坏，想尽各种办法始终坚守着自己的理想信念与阵地,"出杂志、党的刊物,出来就被封了,改出小报又被查封。后来就改地址,刊物出来,知道了,已经搬了家。那都是打游击的方法,没有连续性,影响是有的"。"30年代问题首先要看当时的时代背景:军事'围剿'和文化'围剿',……出版工作的主流是同国民党反动派作斗争"。上海文明印务局屡遭敌人的破坏,屡次搬迁转移并坚持工作,甚至曾不得不在吴淞口外的长江民船上进行生产。由此,我们就好理解我们党为什么没能用"人民出版社"这个响亮的品牌一直坚持到夺取全国的最后胜利。

虽然从表面形式上看,党的一大后创建的人民出版社与新中国成立后成立的人民出版社在时间链条上断开了,但作为党赋予人民出版社宣传马克思主义、宣传我们党的主张、方针任务,在这一特殊的时期里并没有断线,党的出版阵地并没有丢,只是需要经常做一些战略和战术上的调整与转移。即使是在非常艰难的条件里,在广州、在武汉、在重庆、在保定、在北平、在延安,我们的党、我们的革命出版人依然思念着"人民出版社"这个品牌,不时地用这个品牌出版革命书籍来激励共产党人和进步人士、鼓舞全国人民去夺取胜利。正如丁珉对北方人民出版社回忆评价说:"这个出版社后于广州的人民出版社十年,其传统的精神与实质,是连续的、一贯的。"可以说,人民出版社前30年的历史,是我们党的出版工作在革命战争年代的一个接力棒的过程。

7. 1923年11月1日成立的上海书店(1926年2月4日,

上海书店被查封），领导人是谁？它是党的出版机关吗？和人民出版社有组织沿革关系吗？与1988年6月成立的上海书店出版社有组织沿革关系吗？

答：李达离开中央后，宣传工作先后由蔡和森、瞿秋白负责。1923年11月1日，人民出版社因广州偏僻，工作、经费都很困难，迁回上海，在南市小北门民国路租房，改称"上海书店"。声称"我们要想在中国文化运动史上尽一分责任……我们不愿吹牛，我们也不敢自薄，我们只有竭我们的力设法搜求全国出版界关于这个运动的各种出版物，以最廉价格贡献于读者之前，这是我们愿负而能负的责任"。这是我们党的第一个对外公开挂牌的出版社，广州新青年社的苏馨甫（新甫）经理亲自到沪与上海书店的负责人徐白民进行移交手续，所有留存图书和代售的欠账都交由上海书店接管。书店开始利用在梅白格路（今新昌路）西福海里的一个私营印刷所——明星印刷所代理印刷发行，负责人是徐梅坤。后中央决定到闸北香山路香兴里自己办一个国民印刷所，由倪忧天同志负责。1925年冬，中央派毛泽民同志到上海，任中央出版发行部经理，负责上海书店的图书秘密发行工作。

8. 1926年11月成立的长江书店在什么地方成立？领导人是谁？什么时候停业？它是党的出版机关吗？和人民出版社有组织沿革关系吗？

答：1926年9月，北伐军攻占武汉。年底，党在武汉筹设长江书店，此时上海书店已被反动政府查封，不少人员被派到武汉。如上海书店印务局的倪忧天同志被调到汉口筹办长江书店印刷厂，并将崇文堂印务局在鸿祥里分部的机器全部搬至汉口。原上海书店负责人徐白民受命前往武汉筹备长江书店，因病改派苏馨甫负责。而苏馨甫正是原人民出版社和广州新青年社合并后的负责人、出版社的经理。1926年12月7日，《申报》登载了长江书店的开业广告："……继续上海书店营业。店址设在汉口后城马路下首长江书店便是，已于十二月一日正式开幕，特此广告，祈各界注意。附设向导周刊社、新青年社、中国青年社总发行所，批发零售一切革命书报。所有上海书店从前对外账目改由本店全权清理。"

9. 1927年4月6日成立的上海长江书店是谁领导？"受向导社、新青年社、中国青年社委托"，"经售一切革命书报"，它是党的出版机关吗？和人民出版社有组织沿革关系吗？

答：中共中央五大后，国共合作，中共新设置了中央出版局，张太雷任局长。1926年12月，广州新青年社又以"人民周报社"的名义出版了《我们为什么斗争》，内有周恩来写的《国民革命及国民革命势力的团结》《现时广东的政治斗争》《现时政治斗争中之我们》三篇，还有论广东工潮、农潮与学潮三文。1927年，北伐战争攻克武汉后，为适应革命形势的发展，中共中央把临时机构迁至武汉，中央出版局在汉口后城马路（今中山大道）开办长江书店和长江印刷厂，重印人民出版社、新青年社、上海书店的部分书刊。3月8日，为纪念国际劳动妇女节，长江书店出版了《赤女杂志》创刊号，登载了列宁在莫斯科女工大会上的演说。原上海书店的一部分改为上海长江书局。1927年4月12日，蒋介石在上海悍然发动反革命政变，大肆逮捕和屠杀共产党人，7月，汪精卫控制的国民党武汉政府也公开反共。长江书店在汉口、上海被国民党反动派先后查封。

10. 1929年成立的华兴书局，在什么地方成立？是谁领导？曾用启阳书店、春阳书店、浦江书店、中华书店、无产阶级书店名义出书，出了什么书？何时被查封？它是党的出版机关吗？和人民出版社有组织沿革关系吗？

答：八七会议后，临时中央从汉口又迁回上海，宣传、出版由郑超麟负责，出版局撤销。1928年，党中央又在上海成立了地下出版社"无产阶级书店"，在白色恐怖的严酷环境里，无产阶级书店出版了《列宁论组织工作》等马克思主义书籍和共产国际以及党的一些文件。

1929年，无产阶级书店遭查封后，又成立了华兴书局，继续出版发行马克思主义理论书籍和党的重要文件。1930年3月，华兴书局在极艰难的情况下翻译出版了相当一批马克思主义经典著作和有关俄国革命的书籍，对马克思主义的深入传播和鼓舞人民的革命斗志，推动革命形势的发展起到了积极的作用。如精心组织编辑出版了《马克思主义的基础》，作为"社会科学丛书"的一种，里面包括了马克思恩格斯的六篇著作，该书出版后数年间曾不断重印再版。

11. 1931年9月在河北保定创立的北方人民出版社，是谁领导？出了什么书？什么时候停业？它是党的出版机关吗？和人民出版社有组织沿革关系吗？

答：20世纪30年代初，北方各省很难看到党中央在上海秘密出版的革命书刊。为了宣传马列主义和党的主张，1931年9月，党闻悉在保定有我们的同志与协生印书局的经理认识，先试印了两本书：一本是上海书店版张伯简译《各时代社会经济结构原素表》；一本是瞿秋白著《社会科学概论》，但把封面印成了布浪得尔著、杨霞青译《社会科学研究初步》，以搞混敌人耳目。两本书的试印取得了成功，于是决定在保定继续搞下去。这"就需要确定出版社的名号，以示对读者负责。经过再三地考虑和斟酌，由于一九二一年——二二年的人民出版社对读者是很有影响的，而且有些北方的青年们对新生读书社（新生社，河北鏖尔［Our之译音］读书会之前身）是熟悉的，于是，就确定了出版为人民出版社，发行为新生书社，——凡封面或扉页上都印着人民出版社出版，新生书社发行；凡版权页上都印着出版者人民出版社，发行者新生书社。——但后来，由于白色恐怖，为了避免国民党反动派的查禁、检扣，有时封面就需要以伪装的形式出现，封面、扉页和版权页上有时就排印着别的名号，如：人民书店、北国书社、新光书店等等"。党的保属特委命地下党员王辛民（后改名王禹夫）负责出版社的工作。人民出版社主要任务"绝大部分是将党以前的出版机构，如人民出版社、新青年社、平民书社、中国青年社、上海书店和华兴书局、启阳书店（春耕书店）、无产阶级书店等等优良出版物，加以重新校订排印，此外，也编审出版了一些新的书稿"。

北方人民出版社坚持了约一年。这一时期，北方人民出版社重印和新编图书有五六十种，分"左翼文化丛书"、"人民文化丛书"（又称"大众文化丛书"）等。据丁珉回忆，新中国成立以后保存下来的图书版本有：《土地农民问题指南》（包括中共六大决议案和五次劳动大会决议案等），《政治问题讲话》（即苏共十六次大会斯大林的政治报告），《苏维埃宪法浅说》（附录：中华苏维埃共和国宪法大纲），《武装暴动》（封面印《艺术论》），《化学战争》，《共产国际纲领》，《少共国际纲领》，《国际政治法典》（即《第三国际议案及宣言》新订本），《马克思主义的基础》（包括《共产党宣言》另一译文及《雇佣劳动与资本》），《中国革命论》（即共产国际对中国革命决议案），《中国到那里去》（问友作，初载《布尔什维克》第二卷第四期），《中国革命与中共的任务》（国际代表在中共第六次代表大会上的政治报告），《各时代社会经济结构原素表》（张伯简译制，根据上海书店原表排印），《社会科学概论》（瞿秋白著，封面改印《社会科学研究初步》，著者化名为布浪得尔著、杨霞青译），《民众革命与民众政权》（选辑《红旗周报》论著，封面印《孙文主义之理论与实际》），《资本主义之解剖》（即《共产主义 ABC》）。此外，还重印了几种列宁、斯大林经典著作的中文译本：《国家与革命》（列宁）,《两个策略》(列宁）,《左派幼稚病》(列宁）,《俄国革命中之农业问题》(列宁）,《二月革命到十月革命》(列宁）,《革命与考茨基》(列宁）,《论反对派》(斯大林）。

1932 年 7 月，国民党反动当局镇压保定学潮，王辛民被通缉，北方人民出版社的社务被迫暂停，王辛民被调至北平，市委唐锡朝（即唐明照）等负责同志要求他继续负责北方人民出版社的工作。随后，北方人民出版社又在北平出版了列宁的《苏联革命过程中的农业问题》等书。

12. 1937 年 4 月 24 日在延安清凉山成立的"新华书店"，下设出版科、发行科，后发展至全国，大多是由当地党和政府成立，或由各地区报社设立或领导。该书店被认为是党的"新闻出版事业的摇篮"，是吗？1937 年 4 月 24 日是新华书店成立纪念日，迄今已 74 年，延安的清凉山是新华书店的发祥地。以上是 15 万新华书店职工的共识，是吗？

答：新华书店在党的出版发行事业中功不可没，但认为是党的"新闻出版事业的摇篮"没听说过，不知得到哪一权威部门或领导的认可？

13. 1949 年 2 月，中共中央宣传部成立出版委员会，加强对新华书店的领导，该委员会的成立是否就是党对全国性出版工作的全面领导的开始？为什么？

答：1949 年以前，出版工作因我们党长期以来所处的政治地位、环境及经济条件、交通等因素所影响，各根据地、南方北方、解放区国统区的书店、出版社基本上都处于独立编辑出版、自主经营的状况。同样的一部文稿，会因不同单位的出版而出现不同文字的版本差异。故出版委员会的成立，就是党对全国出版工作的统一领导与管理。

14. 1949年10月，新华书店召开了第一届全国出版工作会议，成立了新华书店总管理处，下设出版、厂务、发行三个专业部门，此"出版"部门是否就是1950年12月成立的人民出版社出版业务的开始？

答：新华书店总管理处的成立是为了加强对全国出版发行工作的管理。

15. 1949年11月，依据《中华人民共和国中央人民政府组织法》，以出版委员会为基础组建中央人民政府出版总署，下设翻译局、出版局和编审局，编审局办公室主任金灿然，编审局设有四个处，宋云彬、曹伯韩、王子野、傅彬然分任各处处长。此"编审局"就是1950年12月成立的人民出版社的组织领导基础，对吗？

答：不对，只是一部分，参见下面的诸问题回答。是"以出版总署编审局的一部分和新华书店总管理处、总分店和一部分省分店的编辑出版部门为基础，分别成立中央的或地方的人民出版社"。

16. 1950年8月18日至9月10日，全国新华书店召开第二届工作会议，通过《关于成立人民出版社的决议》，规定以出版总署编审局的一部分和新华书店总管理处、总分店和一部分省分店的编辑出版部门为基础，分别成立中央的或地方的人民出版社。中央的人民出版社，由出版总署直接领导；地方人民出版社，受地方出版行政机关领导和上级人民出版社的领导或指导。这是"中央的或地方的人民出版社"机构成立的唯一的合法文件档案，是吗？该文件规定人民出版社是"成立"而不是"重建"，为什么？

答：《关于成立人民出版社的决定》是个很重要的文件，人民出版社是党和国家的出版社，此文件虽未提及为什么要将其定名为"人民出版社"这个名称，而不用其他同样有影响的出版社名称来定名，如解放社、生活·读书·新知三联书店、中国出版社、中华书局、商务印书馆等，就是因为我们党在建党时已明确将"人民出版社"作为我们党中央的出版机构。所以全国解放后，重新确认"人民出版社"作为我们党和国家最重要的出版机构名称的定名并没有引起争议，也不存在"成立"还是"重建"的问题。

17. 1950年10月28日，中央人民政府政务院总理周恩来签署《关于改进和发展全国出版事业的批示》，新华书店"三个专业部门"按照"书籍杂志的出版、发行、印刷是三种性质不同的工作，原则上应当逐步实现科学分工"，"同时国营的新华书店应从速完成其全国分支店的统一经营"的指示，出版总署决定，新华书店总管理处从1950年12月1日起即实行改组，人民出版社、新华印刷厂总管理处、新华书店总店相继成立。由新华书店"三个专业部门"之一的"出版部"为一部分而成立的人民出版社总不能超越该店的成立历史，是吗？

答：人民出版社是由多方组成，新华书店只是其中一部分，因此不存在"不能超越该店的成立历史"的问题。

18. 延安的"解放社"是党的早期出版机关的发展吗？它和1950年12月成立的"人民出版社"有组织沿革关系吗？党在延安时期为什么没有复建或重建人民出版社？

答："解放社"是党在延安时期的出版机关，是党的出版机构的延伸，和1950年的人民出版社是一个承上启下的关系。党在延安时期为什么没有复建或重建人民出版社，这是因为日本帝国主义还在侵略中国，我们党还处在艰苦斗争的环境里，还没有取得全国性的政权。

19. 1950年12月成立的"人民出版社"是以哪两个"部门"为基础成立的？和历史上的"人民出版社""解放社"等党的出版机关有组织沿革关系吗？

答：见问题16、17、18答。

20. 1950年12月成立的"人民出版社"的历任领导和组织沿革如何？它是新中国的"国家政治书籍及哲学和社会科学书籍"最重要的出版机构吗？为什么？

答：从1950年以后直到20世纪80年代，人民出版社历届的第一领导均须报由国务院批准，总理签发任命。全国解放后，我们党对人民出版社的要求和任务已不同于建党初期，那时的任务是要把马克思主义尽快地介绍到中国来，而新中国成立后的人民出版社除上述任务不变外，还增加了为建设新中国、为繁荣学术文化，体现党和国家水平的优秀出版物的出版任务。这是其所处地位的必然。

21. 1950年12月成立的"人民出版社"是1921年9月成立的"人民出版社"的重建吗？如果是，为什么60年后才提出？

答：1921年的人民出版社在成立之初就处于地下状态，后来又不断地变换地点和出版名义，直到全国解放，才有可能设立规范化的正式出版机构。几十年来，领导及隶属关系的变化，以及新中国成立初期的政治运动和极左思潮的干扰，使大家不敢也很难顾及历史的问题。所以，到20世纪70年代"文革"一结束，就立即有学者不断地提出这一问题。

22. 怎样理解党领导的出版机构和人民出版事业的关系？

23. 怎样理解党领导的早期出版机构和新中国出版事业的关系？

24. 怎样理解人民出版社和党领导的出版机构、党的出版事业、新中国出版事业的关系？

答：22、23、24三个问题，实际上是一个问题，就是人民出版社的定位。人民出版社从成立之日起就是党中央直接领导的出版机构，1950年得到进一步明确，"人民出版社为国家首要的出版机关，必须以很认真与负责的态度为人民服务；必须保证出版物内容上与形式上一定高度的水平；必须密切配合每个时期的政治任务与政策要求；必须努力发动和培养各方面的著作力量，与各有关方面建立广泛联系，组织各方面的稿件，并进行加工"。"虽然人民出版社为出版总署直属的企业机关，但它在政治思想上应直接接受中共中央宣传部的领导，同时它也应当负起领导各地方人民出版社的责任。"

25.1950年8月18日至9月10日，全国新华书店召开第二届工作会议，通过了《关于成立人民出版社的决议》，规定以出版总署编审局的一部分和新华书店总管理处、总分店和一部分省分店的编辑出版部门为基础，分别成立中央的或地方的人民出版社。中央的人民出版社，由出版总署直接领导；地方人民出版社，受地方出版行政机关领导和上级人民出版社的领导或指导。"全国各级新华书店原有的编辑和出版机构应即改组为中央和地方人民出版社"，"地方人民出版社的专业方向、组织、任务大体上与中央的人民出版社相同"，"工作重点为编辑和出版政策文件性的以及其他政治时事性的各种书刊，同时亦可编辑和出版通俗读物和一般书刊；日后应逐渐发展为政治读物的专业出版社"。由此可见，全国各省相继成立的人民出版社也是党和国家的重要出版机构，执行党和国家的出版方针，它们也可以认为是成立于1921年9月的"人民出版社"的重建吗？

答："人民出版社为国家首要的出版机关"，"人民出版社对一切公私出版社应负协助或指导之责","地方人民出版社……直属于各地方出版行政机关,但同时……受中央人民出版社……的领导或指导"。各省人民出版社是以"原各地新华书店的编辑出版部门为基础组成之"。在新中国成立初期,是以人民出版社的分支机构来考虑的,"如接受中央委托造货的任务,则有双重任务(除代中央造货外,还有出版地方性书刊的任务),双层领导关系(一方面受中央领导,同时也受地方领导)",重要出版物如领导人的著作、重要文件、文献几十年来都是执行分地租型造货的办法。但把各地的人民出版社都视为"重建"是不妥的。

26. 1921年9月成立的"人民出版社"和1950年12月成立的"人民出版社",前者是党领导的早期重要出版机构之一;后者是党和国家的重要出版机构、新中国出版事业的重要组成部分。对吗?为什么?

答:见问题22、23、24的回答,人民出版社从成立之日就是党中央直接领导的出版机构。解放后,"虽然人民出版社为出版总署直属的企业机关,但它在政治思想上应直接接受中共中央宣传部的领导,同时它也应当负起领导各地方人民出版社的责任"。

27. 怎样理解毛泽东1951年为人民出版社的成立题词?

答:毛泽东1951年2月是为人民出版社题写社名而不是为人民出版社的成立题词,毛泽东曾在1937年为中国出版社题写过社名。这说明我们党对出版工作的高度重视,也是对人民出版社的历史和政治的定位。

28. 怎样理解邓小平1990年"庆祝人民出版社成立四十周年"题词和著名的历史图片？

答：邓小平1990年题写的是"人民出版社四十年"，著名的历史图片印证了这一点。题词的内容是我们社里自拟的很多条中被选中的一条。所以这一题词，可以解答为党的第二代领导集体对人民出版社所做成绩的肯定与褒奖。

29. 怎样理解江泽民2000年庆祝人民出版社成立五十周年的题词和著名的历史图片？

答：2000年江泽民同志为我社的题词是"努力宣传马列主义、毛泽东思想，繁荣社会主义出版事业"，并没有出现五十年社庆的字样。著名的历史图片是江泽民在中国国际展览中心参观北京国际图书版权交易展览会我社展台时记者照的，与社庆的时间不存在任何关系。

**30. 怎样理解权威工具书《辞海》《中国大百科全书》《新中国出版史料汇编》中关于"人民出版社"的表述？（《辞海》P.374：人民出版社——1.我国的国家政治书籍及哲学和社会科学书籍出版机构。1950年12月成立于北京。以出版马克思列宁主义著作、党和国家领导人的著作、党和国家的重要文献以及哲学和社会科学著作为基本任务。各省、自治区、直辖市亦设有人民出版社，都冠以所在省、自治区、直辖市名，一般为综合性出版机构。2.中国共产党早期的出版机构之一。1921年9月成立于上海，翻译出版马克思主义著作和其他宣传革命的书籍，为避免反动军阀迫害，曾假托在广州出版。1923年并入广州新青年社。《中国大百科全书》：P.242 人民出版社——中华人民共和国诞生后最早建立的国家政治书籍出版社，也是全国性的多学科社会科学书籍出版社。1950年12月成立于北京。）

《出版词典》……

答：以上工具书各词条都是我们社的老同志过去撰写的，对历史的认识和研究都有一个过程，现在搞清楚了是可以修订改正过来的，这和我们党对历史上诸多问题的认识一样。

31. 有人认为，解放思想需要智慧和勇气，更需要实事求是。1990年、2000年人民出版社都编辑并公开出版了《四十年纪念集》《五十年纪念集》，怎样理解？60年来，大量有关人民出版社工作的领导人讲话、题词、研究著作、历史文献、工作报告、批复文件等都是以1950年12月为其成立、纪念日，怎样理解？怎么办？

答：同30答，另见21答。

32. 有人认为，中国共产党诞生后成立的第一个出版机构"人民出版社"，1921年9月成立于广州，该社与其说是出版机构，不如说是一个"党务机构"。如李达回忆："中央工作部除了出版《新青年》《共产党》月刊和'人民出版社'的书籍以外，就是阅看各地组织的文件，并给以适当的指示。"它承担的是建党理论的翻译、宣传和指导各地党的组织发展工作，和出版社承担的编辑出版是宣传、积累历史文化是两回事。对吗？为什么？

答：此问题的提出就把历史上的两个机构的关系搞颠倒了。1921年，人民出版社的编辑出版活动是中央局宣传部的主要工作内容，而不是代替中央局宣传部的"党务机构"。

33. 有人认为，任何出版机构的历史或发展史，都有其历史背景和社会背景、法律文书、档案、资料、文件及其组织沿革，不能以出版方针、出书品种来衡量它们之间的继承关系。对吗？

答：不对，出版方针、出书品种体现了其宗旨和任务。

34. 有人认为，建国前党的出版机关的建立和发展变化，有着特殊的历史背景和历史使命，是党的最宝贵的精神财富之一，应该好好总结并在中国的出版史上占有一席之地，为什么？

答：因为是我们党的历史的重要组成部分，在中国出版史，特别是中国近代出版史上占有重要地位。

35. 有人认为，1950年12月成立的人民出版社，是"20年代党的出版社的继续和在新的历史时期的发展"。此处的"继续"和"发展"，显然是指"编辑出版马克思主义经典著作业务"并非指机构，是吗？

答：不仅是业务的"继续"和"发展"，也可以说是组织机构的"继续"和"发展"。

36. 有人认为，1950年12月1日成立的人民出版社与1921年9月成立的人民出版社、1923年11月1日成立的上海书店、1926年11月成立的长江书店、1929年成立的华兴书局、

1931年9月在河北保定创立的北方人民出版社等都是党的出版机关。虽然主要的出书方针相同，但它们之间并没有组织沿革关系，不同时期的组织架构也不尽相同。对吗？

答：不同时期的组织架构因历史的原因不可能相同。但它们都是由党中央负责宣传出版工作直接领导的出版机构，这一点是共同的。

37. 有人认为，科学和民主是20世纪"五四运动"以来知识界的主要潮流，现代出版社的主流是什么？人民出版社社史的科学价值是什么？

答：人民出版社的历史就是马克思主义在中国的传播史，是中国共产党历史的重要组成部分。

以上是我对质疑所做的简要解答，具体可参看我的《如何看待人民出版社的建社历史》（连载于《出版博物馆》2011年第1、2期）一文。

人民出版社
朝内大街
166
新华月报社
新华文摘社
人物杂志社
东方出版社
人民出版社
人民文学出版社
外国文学出版社

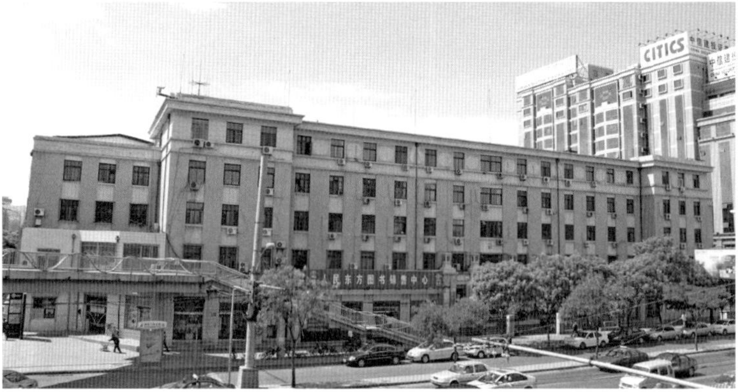
人民东方图书销售中心
CITICS

毛泽东与人民出版社[①]

为了深入研究人民出版社的建社历史，翻检旧资料偶得几则有关毛泽东与人民出版社的趣闻逸事，现整理出来和大家共享。国庆节即将到来，是对开国领袖毛泽东同志，同时也是对老一辈出版工作者的怀念。

《新华月报》的刊名题字

《新华月报》是人民出版社最早的一份社办刊物。抗战前，胡愈之曾经在上海的开明书店主办过一种大型综合性文摘刊物《月报》，因内容和形式都颇有特色，一出版就大受读者欢迎，可惜没出几期就因战火而被迫停办了。全国解放后，出版总署一成立，就有同志向身为总署署长的胡愈之建议，希望能重新创办一个类似《月报》性质的刊物，这一建议立即得到他的赞同。胡愈之不仅积极支持，而且亲自出马，挂帅动手筹办，为了区别于旧《月报》，胡愈之要求在新办的刊名前添加上"新华"二字，以表示这是在新中国成立以后创办的一份新刊物。胡愈之组织了包括

---

① 原载于《北京党史》2013年第6期。

胡绳、王子野、杨培新、傅彬然、曹伯韩、楼适夷、艾青、臧克家、王淑明、石少华等在内的阵容很强的编委班子，并在亲自撰写的《发刊词》中提出，刊物以"记录新中国人民的历史"为主要任务。这就成了后来几十年《新华月报》的办刊主旨。

《新华月报》的刊名大家都想请人民领袖毛泽东主席来题写。时任中央人民政府出版总署出版管理局印务科科长兼宣传科长的王仿子同志就去找毛泽东主席的秘书田家英同志，想请他帮忙。不料却被田家英拦住了，说主席日理万机，太忙了，不宜去打搅他。又说南京的《新华日报》是主席刚题的字（1949年4月题，9月17日正式启用），你们回去把《新华日报》的"日"字修改一下，加长两笔，不就成了"月"字吗，这么改一下就行了。王仿子听后无奈，只好回来向领导汇报，然后照办。后来找人进行加工，经精心处理后，一看效果还不错，于是《新华月报》这个刊名题字就一直沿用到了今天。

《新华日报》1949年—1952年报头

《新华月报》创刊号

《新华月报》创刊号题词

　　《新华月报》的创刊，是胡愈之很兴奋、很得意的一件大事。他想到如能在《新华月报》的创刊号上求得毛泽东主席的一幅墨宝，会为这一新刊物增色不少。但又想到，主席那么忙，要让主席去动脑子来想题词的内容是不合适的。于是，他就从1949年9月29日新通过的人民政协《共同纲领》中摘抄了有关公德的一段文字，附在亲笔写的一封信内送了过去。《共同纲领》是《中华人民共和国宪法》制定以前的建国纲领，起到了临时宪法的作用。没想到，过了没几天，毛主席就派人给胡愈之送来了复

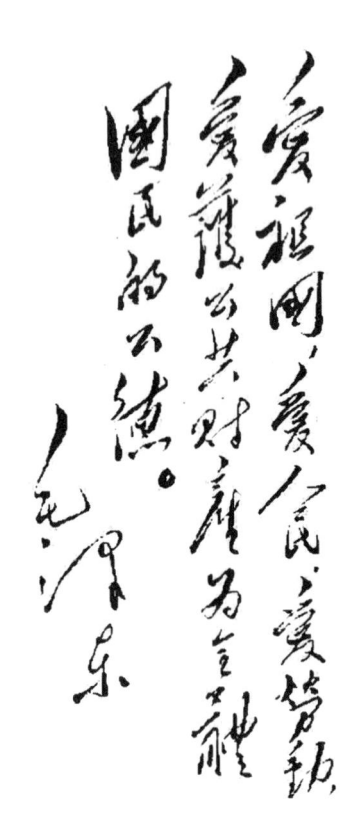

毛泽东为《新华月报》创刊号的题词

信和题词。看到毛主席的题词,胡愈之是既高兴,又后悔。高兴的是,主席这么快就把题词写好送来了,说明主席对出版工作的高度重视、对创办《新华月报》的高度重视;而后悔的是,由于自己的着急和疏忽大意,当时在抄写《共同纲领》中的那段文字时少抄了一句,原文是第四十二条"提倡爱祖国、爱人民、爱劳动、爱科学、爱护公共财物为中华人民共和国全体国民的公德",

这"五爱"公德漏抄了其中的"爱科学",因此,毛主席写来的题词中也就缺少了这一条。胡愈之同志当时非常懊悔自己的粗心,因为不便再去麻烦主席另写,明知美中不足,也只好拿去制版刊印了。这就是我们现在看到的"爱祖国,爱人民,爱劳动,爱护公共财产,为全体国民的公德"创刊号题词。

《新华月报》创刊号封面别具一格,由五星红旗、毛主席在政协第一届全体会议上讲话的照片和刊名等构成。刚刚启用的五星红旗作为封面底衬,鲜艳而庄重,五颗五角星位于封面左上方,金光闪闪,普照全刊。封面上方印有"中华人民共和国开国纪念"几个大字。中间偏左位置是毛主席在人民政协第一届全体会议上讲话的照片。"中国人民从此站起来了!"标志着新中国的第一份大型文献月刊将与新中国这艘巨轮一起扬帆远航。

人民出版社社名

由于毛泽东题写的"人民出版社"几个字与他为人民教育出版社题写的社名在笔画走势上基本一样,时隔几十年后,有人开始质疑题字的真实性。首先是2000年时,人民教育出版社总编室的主任给我打电话,说毛泽东主席当年只为人民教育出版社题了字,没为人民出版社题字,人民出版社是把为人民教育出版社题字中的"教育"两字剪掉后用作了自己的社牌名。

毛泽东为人民出版社、人民教育出版社题写的社名

此说听来似乎有据，一是两社的题字标准体笔势除"教育"两字外基本一致，二是经查人民出版社保存的原件是五个被剪过的单体字。由于当年知情的同志均已不在了，社内也有不少同志在怀疑。2011年人民出版社庆祝创建九十周年时，又有人提出了这一问题。

为此，我查阅了人民出版社保存的当年所有文书档案及社务会议的记录，可惜对此都没有记载。只在王仿子同志的回忆文章《我在人民出版社成立前后》（《出版生涯七十年·下编》）中提到，人民出版社刚成立时，凡使用"人民出版社"社名时一律用老宋字，取其端庄稳重。1951年2月，经由毛主席为人民出版社题写了社名，改用标准体。又查1951年人民出版社编辑印发

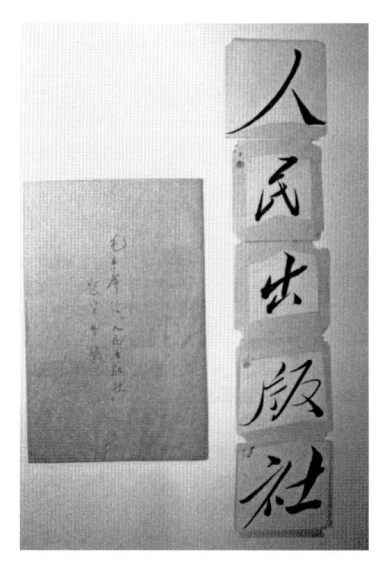

毛泽东为人民出版社题写的社名手迹原件

用作与各地方人民出版社、新华书店工作联系、业务指导的《出版周报》，刊载了对使用毛泽东题字标准体的建议："地方人民出版社的地名（凡冠在人民出版社之上的，不论印在书刊上，信封、信笺上，刻制图章、招牌），一律用老宋体，以资统一。"再查保存的题字原件，是用宣纸竖写的五个字，由于间隔太紧，当时又没有复印设备，被美编用剪刀剪开，成了五个单体字，以便于用作书的封面上竖排或横排的社名标。题字虽然被剪开，但纸质及衔接的部分茬口依然是能对上的，应该确认是原件没有问题。

另外，毛泽东主席对自己写过的东西是非常认真的，也是很注意的。1949年4月23日，中国人民解放军解放南京，标志着蒋家王朝的覆没。中央决定在原国民党首都出版《新华日报》。4月30日，《新华日报》在南京复刊，成为中共南京市委机关报，石西民任社长兼总编辑。毛泽东特地为《新华日报》题写了报头。但到了1953年，毛泽东到南京视察华东军区海军之时，2月23日专门给时任南京市市长柯庆施写了一封信并附上为《新华日报》新题的报头字。题字是在一张中国人民革命委员会的信笺上部书写的。红线以上是一封信，红线以下是所题的"新华日报"。"新华日报"四个字，除"日"字外，基本上同在一个高度上和红线上，显得十分紧凑而明快。信的内容是："柯庆施同志：提议《新华日报》换一个报头，原报头写得太坏。"原报头写的时间并不长，是1949年4月题写，9月17日启用，刚两年多一点，但他已经很不满意了，嫌它太坏，主动提议换写一个。2月25日，《新华日报》换了新报头名。1964年7月19日，毛泽东在一张宣纸上又写了"新华日报"四个字，然后把这四个字重新写了几遍，最后亲自选定四个字，在每个字的右上角圈了两圈，并附上一封信给当时的江苏省委第一书记江渭清同志。信中说："《新华日报》报头写得不好，宜换过。现重写。如可用，则在今年国庆节改换为宜。如不可用，请你退回重写。"一张报纸的报头，竟然能一而再，再而三地改动换写，这说明，毛泽东对自己题写过的字是十分在意的。他的审美意识和审美情趣，也在与日俱增。类似的还有《河南日报》，也是先后题写了两次。

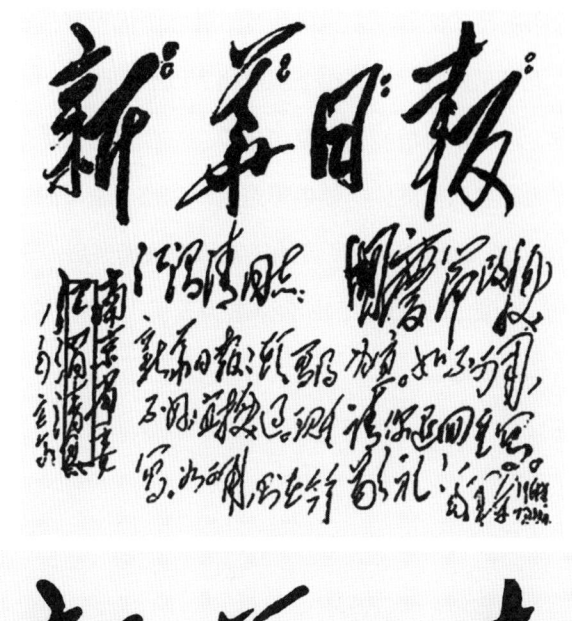

毛泽东1964年为《新华日报》题写的报头及写给江渭清的信

　　1951年2月，毛泽东主席亲笔为人民出版社题写了社名，突显了对人民出版社成立的重视和人民出版社在党的宣传舆论阵地中的重要位置。毛主席的题字被制成铜模，由当时国家出版总署发至各省区人民出版社，要求各地方社加上本地名作为自己的社标，并置于本社的出版物之上。紧接着4月，中央把《毛泽东选集》的印制任务交给了人民出版社,并在全国租型造货,毛的标准体"人民出版社"正式在全国启用。以后,图书杂志、宣传品、广告,以及信封信笺、图章与招牌,一律使用毛泽东亲笔书写的字作为社名的标准体。如果不是毛泽东亲自书写的社名,他在是年 10 月看到大批印刷发行的《毛泽东选集》后一定会提出这一问题,为此,我们可以说毛泽东为人民出版社的题字是真的,没有任何问题。

坚定理想信念，提高文化自觉和文化自信[①]

党的十七届六中全会吹响了建设社会主义文化强国的新号角，标志着我国文化建设进入了一个新的发展阶段。随着文化体制改革，近几年不少地方人民出版社悄然把自己使用了几十年的标准体社名改了，过去使用的都是毛泽东主席题写的标准字前加宋体各地区名，现却将整体文字改成了黑体或宋体字。出版社要走市场化的道路，但不应把自己的意识形态阵地色彩也淡化了。

人民出版社是国家政治书籍的出版社。各省区人民出版社也是各省区出版行业的首要机构。1950年，第一次全国出版工作会议在北京召开，会议确定了出版事业为人民服务的方针，并正式决定把过去分散经营的新华书店统一为全国性的国有企业；又将兼营出版、印刷、发行的新华书店分工专业化，所属出版部门划分出来成立中央和各地人民出版社。在出版总署下发的《关于国营书刊出版印刷发行企业分工专业化与调整公私关系的决定》第九条明确指出："人民出版社为国家首要的出版机关，必须以

[①] 原载于《中国新闻出版报》2011年11月23日。

很认真与负责的态度为人民服务；必须保证出版物内容上与形式上一定高度的水平；必须密切配合每个时期的政治任务与政策要求；必须努力发动和培养各方面的著作力量，与各有关方面建立广泛联系，组织各方面的稿件，并进行加工。""地方人民出版社的业务方向基本上和中央的人民出版社相一致。"

取名中央和地方"人民出版社"，是沿用了1921年中国共产党创建的第一个出版机构之名，寓意中国共产党的一切奋斗，归根到底都是为了人民，出版社的根本宗旨就是全心全意为人民服务，传播新思想、宣传新主义、增进民族大团结，勇敢担当起带领人民创造幸福生活、实现中华民族伟大复兴的历史使命。1951年2月，毛泽东主席亲笔为人民出版社题写了社名，突显了对人民出版社的重视和人民出版社在党的宣传舆论阵地中的重要位置。题字由当时的国家出版总署发至各省区，要求各地加上地名作为自己的社标，并置于本社的出版物之上。其后，党和国家重要领导人都先后为人民出版社题字和题词，以示关心。在文化体制改革的今天，人民出版社又作为党和国家唯一的公益性综合事业出版单位被保留下来，以使其在社会主义现代化建设的宏图大业中发挥更大的作用。各地人民出版社虽然现在都转企改制了，但其性质和所承担的政治任务与责任并没有变化。

人民出版社

毛泽东为人民出版社题写的社名

改变已用了近60年的招牌，不是一种简单的形式和用字上的变换，形式往往决定并体现了内容，不少读者为此提出疑问，感到不解，这实际上也是反映了我们能否在政治上、信念上坚守。我们应重视起这个问题，人民出版社从诞生之日起，始终肩负着崇高的历史使命，特别是改革开放以来，在宣传马克思主义，深入贯彻落实科学发展观，坚持走中国特色社会主义道路方面，出版了大量各种类型的优秀出版物，为中国革命事业和社会主义建设事业作出了卓越贡献。

2011年是人民出版社创建90周年，各地人民出版社也在陆续筹办自己的60周年社庆。党的十七届六中全会认真总结了文化改革发展的丰富实践和宝贵经验，在科学分析了国际国内形势的基础上，阐明了中国特色社会主义文化发展道路，确立了建设社会主义文化强国的宏伟目标，提出了新形势下推进文化改革发展的指导思想、重要方针、目标任务、政策举措。我认为，作为推动社会主义文化大发展大繁荣的骨干力量的出版人，更应坚定理想信念、提高文化自觉和文化自信，明确自己的职责和任务，按照六中全会提出的五个坚持，准确把握我国经济社会发展的新要求、当今时代文化发展的新趋势、各族人民精神文化生活的新期待,增强责任感和紧迫感,解放思想,转变观念,抓住机遇,乘势而上,为在全面建设小康社会进程中、在科学发展道路上奋力开创社会主义文化建设新局面作出自己新的贡献!

为人民出好书
——学习《江泽民文选》的体会 ①

人民出版社是党和国家政治书籍出版社，几十年来为发展社会主义先进文化作出了重要的贡献。文化体制改革，要求人民出版社作为公益性事业单位来进行重新定位，这是党中央对人民出版社过去所做成绩的认可，也是对人民出版社未来予以的期望。学习《江泽民文选》，我有如下几点体会：

学习《江泽民文选》，要认识到人民的利益至高无上。我们是中国共产党领导下的社会主义国家，马克思列宁主义、毛泽东思想、邓小平理论、"三个代表"重要思想、科学发展观是我们的指导思想。一切为了人民，一切依靠人民，是马克思主义政党最鲜明的政治立场。实现人民愿望，满足人民需要，维护人民利益，是"三个代表"重要思想的根本出发点和落脚点。尊重人民实践、从人民的伟大创造中汲取思想营养并上升为理论，是我们党进行理论创新的不竭源泉。江泽民同志反复强调，党的一切工作和方针政策，都要以是否符合最广大人民的根本利益为最高

---

① 本文写于2007年1月18日。党的指导思想应还包括习近平新时代中国特色社会主义思想。

标准，以最广大人民满意不满意为根本准则，要努力使工人、农民、知识分子和其他群众共同享受到经济社会发展的成果。

学习《江泽民文选》，要牢牢把握和坚持始终代表中国最广大人民根本利益的马克思主义立场，使我们的一切工作和方针政策充分体现最广大人民的根本利益，切实把人民群众的利益实现好、维护好、发展好，切实把他们的积极性引导好、保护好、发挥好，为中国特色社会主义伟大事业奠定坚实群众基础、提供强大奋进力量。

学习《江泽民文选》，最重要的是务实，人民出版社是党和国家政治书籍的出版社，几十年来为发展社会主义先进文化作出了重要的贡献。在新的形势下，更要严格地要求自己，自觉地、主动地从人民的利益出发，为广大读者、为全国的干部群众提供更多、更好的精神食粮。人民出版社要"为人民出好书"，已经逐步成为"人民"人的理念。2006年8月，刘云山同志到人民出版社视察，指出："'人民出版社'这五个字是品牌，是形象，是无形的资产，是一种标志。人民出版社的同志你们要珍惜这五个字。"我们应该切记。

把握好导向是"为人民出好书"的基础。江泽民同志说，导向正确是党和人民之福，导向错误是党和人民之祸。作为党的重要思想文化宣传阵地——人民出版社，更要在坚持导向上不能有丝毫的马虎和松懈。当前，我国正处于社会经济建设的黄金发展期，也是矛盾的风险期，国际形势复杂多变，各种思想文化相互激荡，意识形态领域的斗争始终没有停止，西方敌对势力的亡我之心不死。因此，我们要不断地增强政治意识、大局意识，自觉地同以胡锦涛同志为总书记的党中央保持一致，自觉在大局中思考，在大局中行动。要时刻保持政治上的清醒和坚定，坚持"二为"方针、"双百"方针，大力发展先进文化，支持健康有益文化，努力改造落后文化，坚决抵制腐朽文化。要始终坚持面向基层服务群众，紧紧围绕满足人民群众精神文化的需求，贴近实际、贴近生活、贴近群众，推出更多更好的群众喜闻乐见的优秀作品。要始终坚持把社会效益放在首位，在确保良好社会效益的前提下，努力实现社会效益与经济效益的有机统一。要严格纪律，明确责任，坚持守土有责，绝不给错误思想和错误的信息提供传播渠道。正如云山同志所说，"你们在导向这个问题上输不起"。

强化管理是"为人民出好书"的保障。当前图书市场竞争异常激烈，许多地方出版社、大学出版社实力明显增强，出版了大批的好书和有影响、有分量的图书，虽然我们出版社的排名序号还是001号，但在图书的销售码洋上、在经济实力上已远远地落后于一批兄弟出版社，这已是不争的事实。与自己的过去比，形势喜人；与外部的同行比，形势逼人。我们必须清醒地看到这一点，要增强改革和发展的紧迫感和使命感，解放思想，转变观念，努力练好内功，用新思路去研究新情况，用新办法解决新问题，用新举措打开新局面。要调动广大干部职工的积极性、主动性、创造性，努力将人民出版社建成一流的国家标志性的公益性出版社。

党的十六大以来，党中央紧密联系结合新世纪新阶段国际国内形势的发展变化，提出以人为本、实现科学发展、构建和谐社会、建设社会主义新农村、建设创新型国家、树立社会主义荣辱观、推动建设和谐世界、加强党的先进性建设等重大战略思想和重大战略任务，就是我们在邓小平理论和"三个代表"重要思想指导下取得的重要成果。我们一定要按照中央的战略部署，积极地创新内容、创新形式、创新手段，深入研究读者阅读习惯的新变化，研究市场发展的新趋势，推出一批站在时代前沿、弘扬民族文化、体现国家水平、留存久远的重大出版工程。以具有强烈感染力和说服力的优秀作品来赢得读者、赢得市场，不断提高人民出版社的品牌，提高人民出版社的社会知名度，提高人民出版社在广大读者中的影响力，努力为人民出好书！

党章改版记[1]

近日,我来到王府井新华书店,看到书架上陈列的便携式袖珍本党章,不禁回忆起2007年十七大党章的改版,追溯历史,心里充满了无限感慨。

中国共产党第十九次全国代表大会修订的
《中国共产党章程》

---

[1] 原载于《新闻出版博物馆》2021年第1期。

一

《中国共产党章程》是中国共产党的根本大法，是把握党的正确政治方向的根本准则，是党员加强党性修养的根本标准，是坚持全面从严治党方针的根本依据。其内容包括党的政治纲领，以及有关党的组织制度、活动方法等基本问题的规定，是全党意志的集中体现。

1921年7月在上海召开的中国共产党第一次全国代表大会，宣告中国共产党正式诞生，这是开天辟地的大事件，大会讨论和通过了《中国共产党纲领》，这是党的历史上关于党的建设的第一个马克思主义的光辉文献。虽然《中国共产党纲领》对党的组织章程、党的组织原则、组织机构和发展党员作了明确的规定，但它毕竟不是实际意义上的党的章程。党的章程的制订，最早是在1922年7月上海召开的中国共产党第二次全国代表大会上，会议讨论和通过了《中国共产党章程》。这是中国共产党历史上第一部比较完整的章程，共六章，二十九条。章程第一次明确提出了彻底地反对帝国主义和封建主义的民主革命纲领，即党的最低纲领；第一次详尽地规定了党员条件和入党手续，对党的组织原则、组织机构、党的纪律和制度，也都作了具体的规定，明确阐释了党的民主集中制原则。大会依据《中国共产党章程》的规定，第一次正式选举产生了中央执行委员会。

一百年来，中国共产党的党章经历了一个由初创，逐步发展，达到成熟，遭受严重曲折，又重新恢复与不断创新的历史过程。从1923年党的第三次全国代表大会开始，除党的五大是在蒋介石发动"四一二"反革命政变，大肆屠杀共产党人和革命群众，大革命遭到严重挫折这样一种特殊紧急情况下召开而无暇顾及党章的修改问题之外，每一次党的全国代表大会，都把修改党章作为一项重要的议程，这反映了我们党所处的国际国内客观环境的变化和党自身的状况对党的建设工作提出的新要求，以及党针对变化了的情况作出的战略部署和重要调整。每一次党章的修改都反映了我们党对党的建设规律进行的探索。可以说，党的历次代表大会不断对党章进行修改、补充和完善的过程，也就是党的工作和党的建设不断发展变化的历程。党章的变化和发展，充分体现了党的工作和党的建设的变化和发展。

自从党的二大通过了中国共产党的第一个章程以后，党章就成为每一名共产党员的行为规范，也是对每一名党员进行教育的最基本的教科书。能不能有效学习党章、遵守党章、贯彻党章，关系到增强党的创造力、凝聚力、战斗力，关系到巩固党的执政地位和保持党的先进性，关系到党的事业兴衰成败和党的生死存亡。革命战争年代的早期，由于需求量小，加上印制条件有限，也为了保密和携带、使用方便，党章一般都是由各级组织制作，油印本居多。全民族抗战时期，我党在陕北建立了革命根据地，组建了解放社和新华书店，党章的印制也步入正轨，特别是党的七大召开后，解放社和新华书店都出版了自己的党章单行本，各个抗日根据地的新华书店依据这两个版本进行了大量翻印,以满足需求。新中国成立后,为了保障广大党员干部学习与遵照执行的需要,作为国家政治书籍出版社,党章的印制出版任务责无旁贷地落在了人民出版社的肩上。

二

为了方便广大党员的学习和使用,每次党的代表大会通过新修订的党章,人民出版社都要及时出版新的党章单行本。为满足各个层次、各种类型的使用需要,出版社会设计多种类型的版本,包括精装本、平装本、普及本、袖珍本等,特别受读者欢迎的是便携式的袖珍本,社会的需求量最大。

新中国成立后最早印制的袖珍本党章是1945年6月11日七大通过的《中国共产党党章》,1950年2月版,书号0391,封面采用红色丝织物加纸板裱糊的硬面精装本,书名烫金,党徽压凹起边线,右下角有五角星图案。纸张尺寸为787mm×1092mm,开本1/100,正文繁体竖排,十一章七十条,12000字,共56页,定价4700元(旧币)。1951年12月,北京第10版后改减售2500元(旧币)。1955年4月第二十二次印刷时,定价改为(精)0.25元。

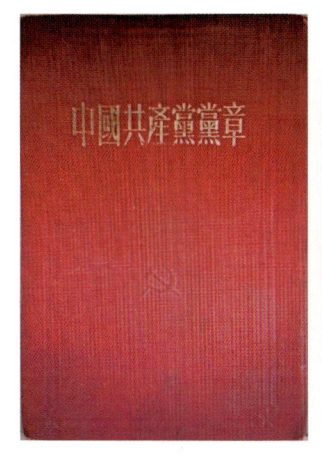

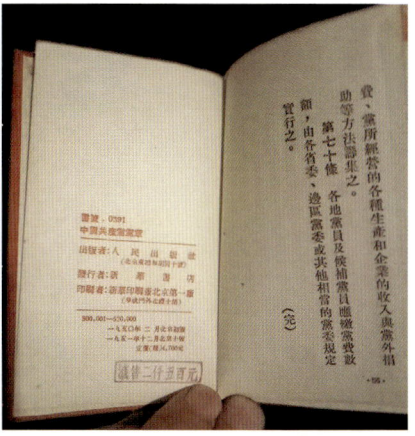

七大通过的《中国共产党党章》（人民出版社 1950 年 2 月版）

不过，这一时期在市场上流通的还有用解放社 1950 年 5 月版及新华书店 1950 年 5 月版加印的党章，书号也是 0391。与人民版的不同之处是，两种版本的正文版面一样，用纸用料都不是太好。封面为红色漆布面，书名压凹，党徽起凸，正文竖排上加书眉，定价 1.50 元，新华书店版书名下还标有"袖珍本"。但这两种版本在 1951 年后就没有了，市场上流通的只有人民出版社一家出版的党章版本。一是国家对出版的全面管理整合，要求分工专业化，二是人民出版社作为国家政治书籍的出版社，已专门承担起党和国家政治书籍的出版任务。解放社在是年 12 月业务宣告结束，由人民出版社取代。新华书店也不再涉及编辑出版业务，原编辑部及人员划归人民出版社。

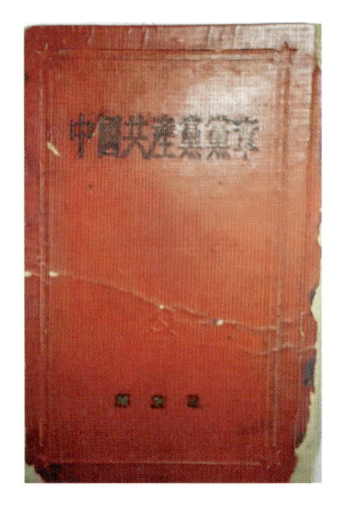

七大《中国共产党党章》
（解放社 1950 年 5 月版）

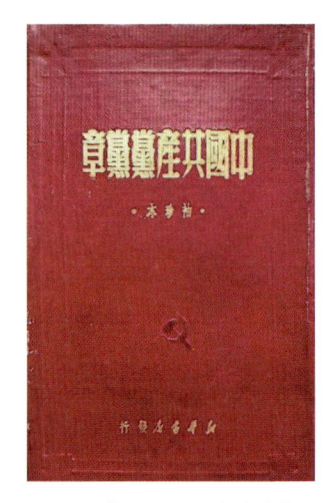

七大《中国共产党党章》
（新华书店 1950 年 5 月版）

1950 年 2 月人民版的党章版面清新、简约、大气，出版后立刻受到广大读者的认可。个别地方如上海的华东人民出版社到 1954 年 9 月时还在第 25 次加印 1950 年 5 月的新华书店版，不过版权页上的"新华书店"出版名义已改为了"人民出版社"。

党的一大召开时，全国的党员只有 50 多人。六大时发展到 4 万人。全国解放前，七大时有 121 万党员，1949 年 10 月新中国成立时，全国党员发展到 448 万人。党的八大召开时到了 1073 万人，十一大时是 3500 万人，十二大时是 3965 万人，十三大时是 4600 万人，十四大时是 5200 万人，十五大时是 6042 万人，十六大时是 6694 万人，十七大时是 7415.3 万人，十八大时是 8512.7 万人，十九大时是 8900 多万人，2019 年年底统计为

9191.4万人。党员数量激增,对党章的需求量也是巨大的。

人民出版社出版的政治类学习读物,在全国读者中的需求量都比较大,而且很多品种要求出版后在很短的时间内覆盖到全国。因此,仅靠自己一家出版社很难完成任务。所以,在中央的指示下,从1950年12月人民出版社重新建立起,就制订了政治读物分地造货的租型业务。

八大通过的《中国共产党章程》(人民出版社1957年7月版)

1956年党的八大召开后,面对激增的党员读者群体,开始,1957年7月版的八大党章仅限定在京沪两地租型印制造货,后来随着需求加大,改为华东、华南、西北、华北、东北各大区。为缩短广大读者的等候时间,加快出版发行的供应,到1960年后,就放开改为各省市都可以租型造货。此版本延续了七大党章的形式,开本大小从1/100改为1/92精装本,封面为深红色,仍为丝织面，定价 0.24 元，但据目前发现的实物，有租型单位采用的是漆布面材料，价格不变。人民出版社后又推出一款袖珍普及版的平装本供各地租型，定价为 0.08 元。

从 1949 年新中国成立至今，党章一共经历了 12 次修订及改版，将八大召开前使用的七大党章一版算上，至今已有 13 个版本。但从外观上来讲，数量最大的袖珍版，外观材料的重大改变只发生了两次：一次是 1969 年的九大党章，一次是 2007 年十七大修订的党章。

1969 年的九大袖珍版党章，封面受"红宝书"的启发，设计采用了 20 世纪 60 年代最时髦的装帧材料——塑料膜封套；为便于携带，内芯开本纸张为 787mm×1092mm 的 128 开，大小可放于手掌心，成了名副其实的袖珍本。由于这届通过的党章字数不到 3000 字，开本虽小，也只有 30 页，内芯锁线装订，2 张插页为黑白照片，称袖珍软精装，定价 0.10 元。

此版本小巧，外观塑皮柔软平整、艳丽、防水、防潮、好携带，非常适合当时的高频率、高流动性人群社会活动的需要。红塑皮版本虽小，工艺却很复杂，所以人民出版社又多提供了一个不带塑封套的袖珍平装本，定价为 0.04 元。不过使用起来不如塑皮的软精，没有得到社会的认可，印量流通很少。军队系统版本则在塑料封面书名下加烫金五角星图案以示区别，2 个插页均为彩印，无定价。

党章改版记

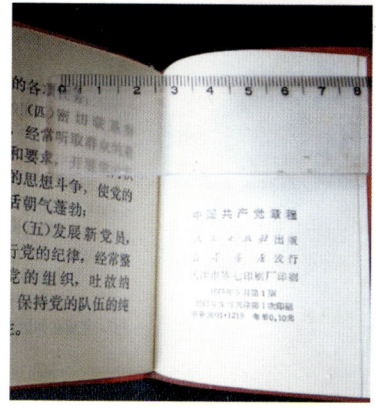

九大《中国共产党章程》袖珍软精装本与平装本

十大、十一大的党章延续了九大的形式。

1982年,党的第十二次全国代表大会召开时,正是改革开放的初期,思想解放,实事求是,考虑到塑封皮的袖珍软精装党章开本太小,拿起来阅读不方便,将用纸规格从过去的787mm×1092mm改为了850mm×1168mm,虽然仍是128开本,但成品尺寸大了一圈。同时,为了便于读者在外观上区别于上一

209

届的老党章，以及考虑到书店橱窗的陈列与销售，塑封皮颜色也从大红改为了酱红色，一时还引起了社会上读者的不理解和强烈批评。

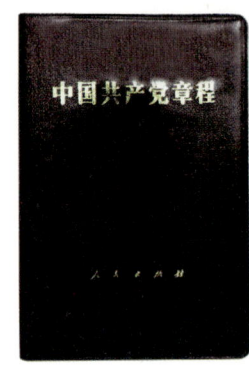

十二大《中国共产党章程》（左）和十六大《中国共产党章程》（右）

三

我从 1996 年起兼任人民出版社经理部经理，开始主管出版发行工作，1998 年起担任社领导后，直接抓生产管理，文件租型是其中很重要的一项任务。人民出版社是国家政治书籍出版社，每年的政治出版任务都很重，上级领导对此也是一年比一年抓得紧，要求也高。党和国家的重大政治会议文件的出版更是作为重中之重的工作来抓。

过去电脑、计算机还不普及，在铅字排版的年代，一本书最快也要十天半个月才能出来，后来计算机普及了，排版的问题解决了，但基本的录入、校订、改版、印刷、装订都需要时间，基本的程序都要走。不仅要保证质量，还要尽量缩短时间。出版社和各租型单位都在努力。

为了完成好租型任务，提高租型图书的印装质量，我们每两年要开一次全国租型图书印制工作会议。会上要对两年来的租型图书情况进行总结，进一步强调租型工作的重要性，表扬先进单位，指出存在的问题，批评不好的现象，安排下一年度的任务。同时，对各租型单位的成品进行质量评比，颁发奖状、奖杯，以资鼓励。

进入21世纪后，这一工作被提到了新的政治高度，各省区的领导也格外重视。以前，出版人员到北京来取租型的菲林胶片只能坐火车回去，现在为了节省时间，全都改为了乘飞机返回，有的地区甚至指派新闻媒体的摄影记者全程跟踪记录报道，基本上做到了下午在北京拿到胶片，立即飞机返回，下飞机就直奔印厂，第二天一早，新华书店开门营业，第一时间书架上即有书可售。

随着对租型图书的时间和质量的要求越来越高，党章印制中的问题，也明显地暴露出来。

首先是塑料套封的问题。塑料质轻，化学性稳定，不会锈蚀，耐冲击性好，具有较好的耐磨耗性，着色强，加工成本低，这是它的优点，但塑料受光线影响，耐热性差，热膨胀率大，易燃烧，尺寸稳定性差，容易变形，遇冷低温下还会变脆，又容易老化。党章的制作是个长期任务，需求量巨大，但塑料套封不是出版社自己生产，加上常年的市场竞争，货源已高度集中在浙江仓南一地，价格、质量、时间都被卖方市场所把控。

由于党章是常备书，它的性质绝不容许市场上出现断货，要不断地根据市场的需求来加印，所以塑料套封要常年备货。但备多了，放仓库里会老化会变形，成为废品，备少了，需要时又不够用；塑料套封的厚度要求是13到14丝，但不少租型单位用的厚度却只达到11丝。一问，规定材料无货，无奈。有的用的还是再生材料，韧性差，厚薄不匀，易变形；重要的是封套套装时上不了机器，实现不了机械化装订大生产，完全是人工作坊式一本一本地往里套，劳动力密集，用工成本高，塑料套封套装时，稍不注意就被扯破，损耗率大。

另外，党章内芯虽小，页码印张也不多，但麻雀虽小，五脏俱全。要锁线，要加硬纸，页码多的还要褾脊，否则无法套封。有时，有的承印单位为了不耽误时间，内芯采取扎制，甚至直接用缝纫机扎订，使成品无法合上，成了"河蚌"，所有这一切都严重地与这个时代的要求不符。

我在主管出版工作期间，不断地接到各地分管租型工作的同志打来的电话，反映党章印制中出现的各种问题。很多书店系统的同志也反映，由于塑料封面的质量问题，柜台陈列的图书因受天气温度的影响，时间一长就会发生外观翘变，严重影响到党章的严肃性，也影响到实际的销售。

四

2007年，中国共产党第十七次全国代表大会召开在即，我想，这种现象不能再继续下去了。这是个好时机，机不可失。再不改，一晃又是五年，到十八大时，还不知情况怎样，有没有人来提这个事？有可能又会长期这样维持下去。况且到2012年十八大召开时，我想说也没机会再说了，那时我年龄超过60岁，退了休，就不便发表意见了。

改版是要冒风险的，经过了"文化大革命"的冲击，大家在政治上都很敏感，几十年来，中国几千万党员几乎人手一册，影响之大，红皮党章已成为公认的标志性政治出版物，这也是多年来没有人提这件事的原因之一。作为一名入党多年的共产党员，也出于出版工作者的责任、良心，2006年底，在社领导班子商议2007年度工作计划的会议上，我终于把憋在肚里的话说了出来，提出应对十七大党章进行改版，并详细介绍了我从租型单位、书店了解的反馈意见，认为党章问题这次必须解决。现在已经是21世纪了，我们的党章外观还是"文化大革命"时期常用的那种样式，还在用非常落后的方式来进行生产制作。再说，塑料套封是不易降解的物质，与国家提倡的新型环保理念也不符。我认为，出国的护照就做得很漂亮，大小也合适，建议新党章的版本应该参考护照来进行思考设计，装订改用骑马钉，既可加快装订速度，还节约成本。我的意见在社委会上得到了一致认可，但社里无权做出改版的决定,需向人民出版社的主管单位请示。为此,社委会决定党章改版之事由我来牵头负责。

2007年3月,主管单位来社里做调研,会上,我又郑重地提出十七大党章的改版问题,希望能采用新工艺并改成64开本,所幸得到带队来的领导的高度重视,要求我们正式打一份报告。同时,我与负责出版材料的同志商量,并得到主管出版的副社长任超同志的大力支持。

随后,我开始酝酿起草给主管单位的报告。5月17日,《关于停止出版〈中国共产党章程〉128开塑料封皮本的报告》(人社发〔2007〕66号)正式通过社办公室发出。

"关于停止出版《中国共产党章程》128开塑料封皮本的报告"

我找出当年的工作笔记本，里面清楚地记录下党章改版工作项目一天天的全过程。

随着时间的临近，8月9日，我召开了有出版部和政治编辑室参加的十七大文件出版生产预备会。主管生产的副社长任超同志和我在会上介绍了会议的主题和我的想法，就十七大党章的改版问题听取大家的意见。大家一致表示同意改版。会议决定，由出版部起草一个改版说明函，发给有关重点省份的租型单位征求意见，还有新党章材料的选择，备货的市场预测，我们要认真听取各租型单位的意见，将因改版可能遇到的问题都提前解决掉，并做好成品防伪防盗印的工作，具体由出版部同志来负责。

8月13日，我同任超同志与出版部进行情况沟通，商量新党章的纸张材料问题。一旦确定使用后，全国各地就会集中采购，供应有无问题？特别是封面用纸。我再次提出，装订要取消锁线，采用骑马钉，这样可以上机器，节约时间，加快速度。

8月23日，我又同任超及出版部一起商量党章的制作材料及制作工艺问题。我打电话与广东人民出版社李穗成、黑龙江人民出版社柴力明、四川人民出版社丁青等几位负责租型工作的老同志联系，征询他们对新版本新材料的意见，并要求他们了解当地承印厂的工艺问题。

这时，装订成了改版的突出问题。8月24日，据出版部反馈，他们与北京新华厂及承担我社任务的北京地区主要承印厂联系后，都说新党章设计使用64开本，尺寸太小，上不了联动机，解决不了骑马钉的问题；折页机也上不了，需要手工折页，太麻烦。听后，我心想，如果是这样，改版就是失败的。

我赶紧打电话给陕西人民出版社出版部的钟军同志询问装订的问题，他说他们那里没问题，只要联动线走两次就解决了；给山西人民出版社出版部的郑宝芳打电话，她说与工厂商量了，用32开的骑马钉装订线，钉好后再切；问广东人民出版社的李穗成，他说问了厂子，愿意调间距，问题都能解决；我又与黑龙江人民出版社的柴力明联系，也说没问题，大家对改开本及装订工艺都表示坚决拥护。这样，我心里就有底了，外地条件不如北京都能解决，北京没有理由不能解决。我让出版部的同志将外省市的意见和办法反馈给北京地区的各个印制单位，让他们有困难必须自己想办法克服。

十七大文件的出版，也被人民出版社的主管单位的各位领导牵挂着。8月31日下午，有关领导集体听取了人民出版社关于十七大文件出版工作的准备情况，要求人民出版社必须精心准备，党章改版要以上级单位批复的意见为准。另外，定在9月24日召开一次全国人民出版社的社长工作会议，动员布置十七大文件的出版租型工作。会议邀请的名单由人民出版社定，会议议程也由人民出版社来提供。

会后，我又立刻起草了给上级单位的党章改版函。

9月19日，我接到上级单位打来的电话，下午去听取有关领导对党章改版的意见，同行的还有社里负责出版印制的张京德和负责装帧材料的田福庆两位同志。接待我们的是上级单位的一位处长，他说，看了人民出版社送来的报告后，领导很重视，经认真研究：1.封面颜色应鲜红、艳丽。2.党徽位置在书名上或下，样本的形式应多几个样。3.党徽能否起凸，国庆前要把样定下来。我说没问题，我们一定按领导的意见办，回去后用最快的速度重新做好样本送过来。党徽起凸可以做，但如果增加了复杂的工序，成品要求在极短时间内大批量生产出来就会有问题，这次之所以提出党章改版，其中一个很重要的理由就是制作时间。这位处长说，我们知道了，你们抓紧做样本送来。回来后，我立即向主管单位的领导汇报，并商量24日全国人民出版社社长工作会议的议程，决定会议由图书司和人民社合办，地点就定在人民出版社。会议名称定为"全国人民出版社专项工作会议"，邀请有关单位的领导参加。回社后，我向社长黄书元汇报了主管单位的意见。

24日上午，全国人民出版社专项工作会议在人民出版社四楼会议室召开，有关单位的几位领导同志出席了会议并讲话。会上，我社出版部主任张京德、发行部主任潘少平分别介绍了十七大文件租型工作的情况和要求，任超副社长做了情况说明，我对党章的改版做了重要说明补充。下午，代表们分组讨论。

26日，上级单位的同志打来电话，告知样本领导看了后，意见如下：1.确定使用一号本（大红）的颜色。2.党徽应置于书名上方，比原高度上提约三分之一。3.党徽和书名间距再缩至适当比例。4.纸差了一些，样书再选用好一点的纸。我立即通知出版部，重新做样本，再送样。

28日上午，我让出版部将新做的党章样本两种，分别标上A和B（表示是两种方案）后即送上级单位。我打电话告知样本已送出，颜色为国旗红，书名与党徽的间距已根据上次反馈意见进行了调整，希望上级单位能尽快拿出意见。

因为印制材料必须提前备货，不仅是我们一家，全国各省区的印制单位都有备货的问题，材料全国统一，时间太集中，就容易出问题。马上就是国庆长假，我心里非常着急。耐心等待了一天后，30日，我打电话给上级单位，询问党章的意见情况。对方回复说："已初定B本，再看其他几部门领导意见，下午可告知。"

我等了一下午，没有得到结果。10月1日、2日依然没有电话。直到10月3日下午5点，电话铃声终于响起，上级单位来电告知："A、B两个方案，确定为B方案，不再文字通知，可以进行了。"我即时通知出版部张京德，并告知开本大小不再变了，以送审批准的样本为准，纸张规格为850mm×1168mm的64开本，具体尺寸为138mm×100mm，封面用国旗红特种充皮纸，可以马上通知各地租型单位进行材料备货。

国庆假期结束后，11日下午召开出版部全体人员会议，为十七大的文件出版工作做最后的动员，我提出：1.要发扬人民出版社的优良传统，敢打硬仗。2.确保质量，确保时间，争取做到无差错。3. 妥善安排，做到紧张而不乱。4. 有问题及时协调，后勤保障做到位。一切准备工作就绪，就等大会召开文件公布。

10月15日，中国共产党第十七次全国代表大会在北京开幕，全社人员立刻投入到了紧张的编辑出版工作中。《中国共产党第十七次全国代表大会报告》《中国共产党第十七次全国代表大会报告辅导读本》《中国共产党第十七次全国代表大会文件汇编》都在按预定的方案同步进行。

大会的最后一天通过了《中国共产党章程（修正案）》，将科学发展观、中国特色社会主义道路和中国特色社会主义理论体系等马克思主义中国化的最新成果增入党章。

25日上午，主管单位领导率领有关部门的负责同志亲临人民出版社，看望慰问奋战在生产第一线的全体成员，以及来京参与党的十七大文件出版发行工作的全国各地人民出版社的同志，为进一步全力做好租型印制工作再动员，勉励大家为党的宣传出版工作做贡献，并为即将返回的各地人民出版社同志壮行。

新党章出版后，一改四十多年的老面孔，面貌焕然一新、美观大方；封面材料环保并可防盗版；整体制作工艺简单，能上机器进行大批量生产；携带方便，便于阅读，不怕水迹油渍，保持了原袖珍本的全部优点，受到各界人士的好评。全国首批印量达到1100万册，至11月23日，开印不到一个月，全国总印量就达到了1500万册。这样的速度在历届党章印制过程中是不可想象的。

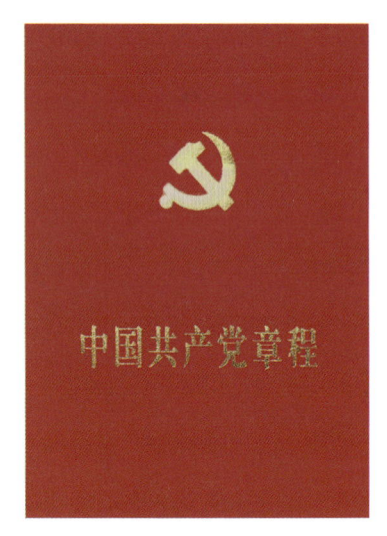

改版后的十七大党章

2021年是中国共产党成立一百周年纪念,也迎来了人民出版社建社一百周年。在这样一个喜庆的日子里,回忆往事,看看走过的路,我想也是很有意义的一件事。

领导的责任意识和图书的质量保证[①]

引言

2007年是"出版物质量管理年",我们人民出版社与兄弟出版社共36家出版单位和新闻网站在年初向全国编辑工作者发出"确保编辑产品质量,奉献优质精神食粮"的倡议书。言必行,行必果。倡议重在贯彻落实。

领导者的责任

我国的出版事业,是中国共产党领导的社会主义事业的一个重要组成部分,必须坚持为人民服务、为社会主义服务的根本方针,宣传马列主义、毛泽东思想、邓小平理论和"三个代表"重要思想,深入贯彻落实科学发展观,毫不动摇地坚持和发展中国

[①] 这是2007年6月参加中国编辑学会在山西太原举办的编辑理论研讨会上发表的一篇论文。原载于《图书质量与和谐出版》,中国科学技术出版社2009年8月版。

特色社会主义，传播一切有益于经济和社会发展的先进科学技术和文化知识，丰富人民的精神文化生活。这是我们每一个出版工作者的神圣职责。

作为一个出版社的领导，我们应该严肃地意识到自己身上肩负的这一社会责任。人民出版社是党和国家重要的政治书籍出版社，几十年来为宣传马克思主义，发展社会主义先进文化作出了重要的贡献。现在的文化体制改革，要求人民出版社作为唯一的公益性事业单位来进行重新定位，这是党中央对人民出版社过去所作成绩的认可，也是对人民出版社未来予以的期望。

2008年8月，刘云山同志到人民出版社视察时指出："'人民出版社'这五个字是品牌，是形象，是无形的资产，是一种标志。人民出版社的同志你们要珍惜这五个字。"我们深感责任的重大，在当前的新形势下，我们更应严格地要求自己，维护好"人民"这个品牌，自觉地、主动地从人民的利益出发，为广大读者、为全国的干部群众提供更多、更好的精神食粮。人民出版社要"为人民出好书"，为党的大局、为国家的大局、为人民的大局、为社会的大局服好务。

思想上的重视

一个出版社的工作发展，产品的质量如何，关键在领导。毛泽东同志曾经说："政治路线确定之后，干部就是决定的因素。"

领导从思想上真正认识到质量问题的重要性，才会主动地去抓、去管理、去采取一系列必要的措施来保证它。把握好导向是"为人民出好书"的基础。江泽民同志说，导向正确是党和人民之福，导向错误是党和人民之祸。作为党和国家的重要思想文化宣传阵地——人民出版社，在坚持导向上更不能有丝毫的马虎和松懈。

当前，我国正处于社会经济建设的黄金发展期，也是矛盾的风险期，国际形势复杂多变，各种思想文化相互激荡，意识形态领域的斗争始终没有停止，西方敌对势力亡我之心不死。因此，我们要不断地增强政治意识、大局意识和责任意识，自觉地同以胡锦涛同志为总书记的党中央保持一致，自觉地在大局中思考，在大局中行动。要时刻保持政治上的清醒和坚定，坚持"二为"方针、"双百"方针，大力发展先进文化，支持健康有益文化，努力改造落后文化，坚决抵制腐朽文化。要始终坚持面向基层服务群众，紧紧围绕满足人民群众精神文化的需求，贴近实际、贴近生活、贴近群众，推出更多更好的群众喜闻乐见的优秀作品。要始终坚持把社会效益放在首位，在确保良好社会效益的前提下，努力实现社会效益与经济效益的有机统一。要严格纪律，明确责任，坚持守土有责，绝不给错误思想和错误的信息提供传播渠道。因为，在导向问题上我们输不起，人民出版社在这个问题上更输不起。

制度的保证

图书是脑力劳动的产品，人的喜怒哀乐直接影响到图书质量。为确保产品质量，必须制度跟上。《图书质量保障体系》是我们出版工作者做好工作的一个基本依据。其中第二章的"编辑出版责任机制"，对编辑工作从选题策划开始，到书稿的三审（书稿内容及文字、封面装帧、版式设计）、排校、印制、样书的检查等编辑出版的全过程都做了相应的规定，并对出书后的评审制度、图书售前的送审制度、图书广告的送审制度、重版前的审读制度、图书内容的随机抽样审读制度等都提出了要求。简要地说，就是对编辑出版工作的基本程序进行规范化、制度化。

出版物质量，一是抓内容，二是抓文字，三是抓印装。导向不能出问题，在文字、印装上同样也不能出问题。质量是生命，没有质量，就没有品牌，没有品牌，一个企业就无法生存。在新中国出版史上，我们人民出版社创造过出版《毛泽东选集》四卷不错一个字、一个标点的佳话。为了实现对社会的承诺，我社在《倡议书》发出后，立即组织职工认真学习《倡议书》的精神，并采取九项措施来落实《倡议书》的要求。同时，在原审读室的基础上，组建出版物质量管理处，负责对全社所有出版物（包括图书、期刊、音像、电子和网络等）进行全方位、全流程的监管，从组织上、制度上确保我社出版物的质量达标。我们要求必须严格坚持稿件的三审责任制度。审稿是编辑工作的中心环节，切实做好初审、复审和终审工作,三个环节缺一不可,这是经过历史实践证明而行之有效的措施。我们还坚持成品样书的抽检审读制度,把好流向市场的最后一道关。我认为,如果我们严格规范制度,认真地对待每一个环节,把所有隐患都及时消灭在生产流程中,图书到读者手中还有可能会出问题吗?

作为一个出版人,心态要平稳,要甘于寂寞,不能浮躁。一篇报道,可以让报道的对象一夜成名;一本书,也可以让作者一举成功,但是却没有哪一位记者编辑能够这样。他们和影视的主持还不一样,完全是为他人作嫁衣,不但默默无闻,要有无私奉献的精神,出了问题还是第一责任人,需要承担责任,这叫守土有责。如果你做不到,或者不愿去做,那么你就不配待在出版行业这个岗位上。

行业的自律

中宣部、新闻出版总署多次强调,要严格执行新闻出版的有关规定,加强图书质量,注意政治导向;禁止买卖书号,盗用书号;防止高定价,低折扣反弹;制止伪书,提倡行业诚信。要解决好这个问题,就必须处理好经济效益和社会效益的关系,集体利益和国家、人民利益的关系问题。我们是精神文化产品的制造者、传播者,我们带给读者和社会的图书产品应该是优秀的,能给人以知识、给人以启迪、给人以愉悦,而绝不是粗制滥造的、假冒伪劣的、误人子弟的残次品，甚至是反动的、腐朽的、荒诞的、丑陋的精神垃圾。

我们一进北京的同仁堂药店，迎面见到的就是一副对联"炮制虽繁必不敢省人工，品味虽贵必不敢减物力"，这是"同仁堂"品牌能够历经三百年而不衰的治店法宝。无独有偶，南方的国药店"庆余堂"，由红顶商人胡雪岩于1874年创立，其店训是"戒欺"。它告诫自己的员工"凡百贸易，均着不得欺字，药业关系性命，尤为万不可欺。余存心济世，誓不以劣品取厚利，唯愿诸君心余之心，采办务真，修制务精，不致欺予亦欺世人。是则造福冥冥，谓诸君之善为余谋，也可谓诸君之善自为谋也亦可"。

数百年前的商人都知道讲诚信，要"戒欺"，"誓不以劣品取厚利"，今天，我们作为中国先进文化的传播者、广大人民群众精神食粮的制造者，难道不应该好好地自律、好好地"戒欺"吗？图书比之其他媒体对社会的影响是更久远、更深刻的，我们一定要教育自己的员工，既要"三贴近"，又要讲诚信，工作应该认真、细致、严谨，还要坚持正确的政治导向，力求不出错或少出错，为广大读者奉献更多更好的优质精神食粮，这就是新时期作为一个新闻出版工作者的社会责任和良心所在。

结论

编辑队伍的素质直接影响到图书的质量，而编辑队伍素质的提高又直接与出版社的领导素质有关。抓质量管理，首先要抓领导的责任意识，只有领导重视了，管理措施跟上了，抓质量才能成为广大员工的自觉行动，"确保编辑产品质量，奉献优质精神食粮"的倡议书也才能落到实处，我们的图书产品质量才能得到真正的保证。

薪火相传守初心，接续奋斗书新篇

——在人民出版社庆祝建党一百周年表彰大会上的发言

在庆祝中国共产党百年华诞之际，我非常高兴地获得了"光荣在党 50 年"纪念章。这是以习近平同志为核心的党中央对入党多年的老同志、老党员的温暖与关怀，也是汇聚初心凝聚力量，增强广大老党员的荣誉感、归属感和使命感的一种很好的方式。尊重老同志就是尊重历史，关心爱护老同志就是关心和爱护我们党的执政根基。意义特别重大。

应蒋社长的盛情邀请，要我代表获得纪念章的老同志老党员讲几句话。据了解，我们社里党龄达到和超过 50 年的一共有 28 位，有的还是抗日战争时期就参加了革命的老同志，还有更多的老党员已离开了我们，没能获得纪念章。他们是中国革命历史的见证者、是社会主义建设和改革开放的参与者，我在其中只能算是个小字辈、年轻人。我之前是一名海军航空兵，1970 年在部队入的党。1972 年初调到人民出版社，距今社龄已快五十年。

我们今天庆祝建党一百周年，同时也即将迎来人民出版社的建社一百周年。人民出版社是我们党成立后创建的第一个出版社，前辈们在艰苦的革命战争年代与我们的党一起传播马克思主义，践行为人民谋幸福的初心。人民出版社与党风雨同行，它的历史是我们党的出版史的重要核心内容，也是中国共产党历史的一个重要组成部分。全国革命胜利后，建立了新中国，它是党和国家的重要出版机构，是我们党和国家思想宣传战线的重要组成部分。几代人为之努力奋斗，把宣传马克思主义、"指示新潮底趋向"、为人民出好书作为办社宗旨。毛泽东主席亲笔为人民出版社题写了社名，党的三代主要领导人都先后为人民出版社题字和题词，以示关心，突显了对人民出版社的重视和人民出版社在党的思想宣传阵地中的重要位置。

我们应该为人民出版社的厚重历史，为能成为人民出版社的一名员工，感到光荣和骄傲。但同时也要摆正自己的位置，坚定理想和信念，明确自己的责任和担当，做好本职工作，绝不辜负党和人民对我们的期望。在新的形势下，更要严格地要求自己，自觉地、主动地以党和人民的利益为重，守正创新，为弘扬马克思主义、为建设中国特色社会主义现代化的强国、为广大人民群众提供更多、更好的精神产品。

习近平总书记指出，我们党的一百年，是矢志践行初心使命的一百年，是筚路蓝缕奠基立业的一百年，是创造辉煌开辟未来的一百年。回望过往的奋斗路，眺望前方的奋进路，必须把党的历史学习好、总结好，把党的成功经验传承好、发扬好。今天，全党正在开展党史学习教育，正是要用党的奋斗历程和伟大成就鼓舞斗志、明确方向，用党的光荣传统和优良作风坚定信念、凝聚力量，用党的实践创造和历史经验启迪智慧、砥砺品格。

蓦然回首，我们没有遗憾，我们用自己的实际行动践行入党誓词，践行党的崇高理想，在自己的岗位上尽心尽力、尽职尽责地完成了党交给的各项任务，并作出了应有的贡献。今天我们老了，都已经退休，离开了辛劳几十年的工作岗位，有些同志身体好，还能发挥些余热，做些力所能及的事情；有些同志年事已高，行动不便，就要多注意休息，调养好身体。我认为我们这些退下来的老同志，保重好身体，就是为党、为社会作贡献。我曾在退休前的最后一次年终述职时最后说了一句话，我说，我很高兴地告诉大家，到目前为止我没去医院看过病，也没有吃过一片药，我也衷心地希望在座的大家到退休时也能和我一样。转眼十年过去了，现在我还没去医院看过病吃过药。我到人民出版社几十年，白天上班，现在每天还去社里公司帮助审读稿件，晚上到家杂事处理完静下来后，还要思考点问题，搞点自己喜欢的研究，从没在晚上12点前睡过觉，写写弄弄就到一两点了，总感觉时间太少，不够用。可以说，我把一天当成了两天用。有人说，你身体好，我说不对，我觉得一是人要有点毅力，要有点精神气；二是要注意锻炼，身体是革命的本钱；三是不要挑食；四是要有个好心态，心胸要开阔；五是要有小目标，无事会生非。目的就是一个，让自己的人生不留遗憾。为迎接建党百年和建社百年，从去年底到现在，不到半年的时间，我已先后完成了五篇学术性文章的撰写。

今天是个表彰会，向获得表彰的优秀党员、优秀党务工作者、先进基层党组织表示热烈祝贺。我想，表彰会更应该是个激励会，薪火相传守初心，接续奋斗书新篇。我衷心地希望年青一代的出版人，能通过时代的召唤，深刻了解前辈们的百年创业史、我们党的出版工作者的艰苦奋斗史，以及作为一个人民出版社出版人的责任与担当，更好地传承与党同行的"人民"精神。一名党员一面旗，要把成绩当动力，进一步激励自己不忘初心、牢记使命，以永不懈怠的精神状态和一往无前的奋斗姿态，带领全社职工为实现中华民族伟大复兴的中国梦增添正能量、再作新贡献，续写新华章。

祝人民出版社明天更好！

后　记

几年前，我就有个夙愿，想把自己陆续发表过的关于人民出版社历史研究的文章结集出版。可我虽然退休了，但每天还去单位协助审读稿件，没有一点自己的时间。到了晚上，家里的琐事也不少，九十点钟以后才能静下来写点东西，想要做和需要做的事太多了。虽是文稿结集，但也不是简单地打个包，还有些原稿需要去寻找。人生苦短，事情却只能踏踏实实一件一件地去做。几十年来，我可以说没有在晚上12点以前睡过觉。

今年是建党一百周年，也是人民出版社与党同行的一百年。人民出版社的历史是我们党的宣传史、出版史的重要组成部分。我想应该抓住这个出版的最佳时机。从去年起，我就开始在陆续收集、整理有关的文稿，至2021年5月中旬，完成了新作《建党初期的马克思主义图书出版高潮》，加上精选的几篇工作体会，感到内容已很充实，主题也已凸显，这就是：人民出版社是党和国家的重要出版机构，"人民"人必须摆好自己的位置，努力工作，绝不辜负党和人民的期望。

书稿的不足之处是，第一部分的几篇文章因在不同时期写就并发表在不同的报纸杂志上，其目的也是从不同的角度来不断深入探讨人民出版社的早期历史，单篇文章看没有问题，辑成一书就不免出现了一些内容上的重复，想做删减又会破坏原作表述的完整性。作为一本文集，左思右想，还是尊重历史不去动它了吧，这虽是一件遗憾的事，但我想广大读者还是会给予理解与谅解的，这也真实反映了笔者在一些问题研究上的逐步细化及理解上的提高。

江苏的出版文化产业有着辉煌悠久的历史，这些年创新发展更是迅猛，凤凰出版传媒集团有限公司连续十一届入选"全国文化企业30强"，连续十年在新闻出版业总体经济规模综合评价中名列第一。作为久居他乡的游子，我为江苏取得的优异成绩感到骄傲。由于时间很紧，为了落实书稿出版，自然想起家乡，想起江苏人民出版社，与社长王保顶联系后，他非常爽快地说，我们出版没有问题，这令我非常感动。编辑张延安很快与我联系，并提出许多很好的建议，为能争取在"七一"前后见书，社里还有许多同志默默地在奉献。在此，一并表示我最诚挚的谢意！

因工作上的关系与全国各地人民出版社联系较多，从最早的租型出版印制工作，到全国人民发行联合体，到人民联盟，到中发协人民发工委，以及编辑"人民联盟文库"丛书，几十年来，与大家相处共事，互相支持，非常愉快，真正感受到"全国人民是一家"。

2021年5月20日

又 记

拙稿《一个出版人的情与思》是我多年来对人民出版社早期历史研究成果的汇总，同时也体现了一个党的出版工作者、一个"人民"的出版人对党的出版事业应有的责任与担当。烈士暮年，壮心不已。作为一位"在党五十年"的老党员，不忘初心、牢记使命，即使退休多年，也始终不敢懈怠。原想能在中国共产党建党百年和人民出版社建社百年的"双百"日子里出版，但因书稿内容涉及党的历史，文章大多虽已发表，但仍需按规定的送审流程上报。时间转眼就是一年。

近日因腹部胀痛，我住进了中日友好医院。在治疗及各项检查后，最终的结论是结肠癌晚期，并扩散至腹膜。经询北京协和医院肿瘤内科大夫的意见，接下来已无法手术，治疗手段只能是"化疗+靶向"。疾病留给自己的时间看来已无多。"人活七十古来稀""七十三八十四，阎王不请自己去"，这些虽是俗语，但也客观真实。新陈代谢，生老病死，这是自然规律。人，无论谁，都有走的一天，否则地球何以承载？区别只是早几年和晚几年。回首从事党的新闻出版工作的这五十年，我努力了，我不遗憾。只是这送审的书稿遥遥无期，我有点等不及了，我相信我的这本小册子在内容上还是比较翔实、丰富的，无论是要研究人民出版社的早期史，研究我们党在革命时期的出版史，还是如何做一个有责任、有担当的"人民"人，阅后我想都会有所收益的。

因此，我决定不再等待，把稿本先印出来，虽不是正式的出版物，但可以作为一本资料分送给关心此书稿出版的好友，完成我多年的一个夙愿，至于它的价值，让历史去评说吧。

最后，真诚地感谢在书稿的结集过程中、在书稿的编辑加工过程中，以及在书稿的印制过程中给予热心支持、帮助过我的所有朋友们，谢谢你们！

2022 年 5 月 25 日

再 记

稿本《一个出版人的情与思》5月印出来后,得到了同行们的首肯。许多亲朋好友得知后也纷纷前来索要求读,可见它是受欢迎的。可惜当时只印了100本,不能满足众多好友及读者的需求,特别是对我们党的新闻出版史、人民出版社历史感兴趣、有研究的专家学者们无以相见,这是一个遗憾。

因化疗第一个疗程不理想,经朋友介绍转诊北京大学肿瘤医院,做了结肠切除手术,接着又针对腹膜做了三次热灌注一个疗程的化疗,大伤了元气,好在都挺过来了。

人民东方出版传媒有限公司总编辑孙涵同志近日给我打电话,慰问病情,并表示《一个出版人的情与思》这部书稿本应放在北京出。现江苏那边有困难,那就拿到我们东方出版社来出。我很感激孙总的果断决定与魄力,她也是人民出版社的老员工了,她了解一个老出版人的心态,也读懂了这部书稿的真实意图:不仅仅是为了厘清人民出版社的历史,更是为了传承、赓续这红色的历史和优良传统,明确一个"人民"人的责任与担当,努力去做好当前和今后的工作,为党的新闻出版、文化事业再创新的辉煌。

书稿历经波折，终于要正式出版了。开卷有益，是每一位作者的心愿，也是广大读者的希望。愿这本小书能带给出版人信心、责任和力量，普通读者也能从中得到思索、启迪和正能量。

所收文章基本都发表过，但毕竟个人能力、精力有限，文字可能还会有不少不尽如人意或欠推敲的地方，敬请广大读者见谅与赐正。《薪火相传守初心，接续奋斗书新篇》是在人民出版社庆祝建党 100 周年表彰大会上的一个发言，其内容恰好与本书主题吻合，这次放在结尾作为收官之篇。

感谢人民东方出版传媒有限公司，感谢在书稿的出版前后辛勤付出的所有编辑，以及在出版过程中给予过热心支持和帮助的朋友们，谢谢！

2022 年 11 月 18 日

图书在版编目（CIP）数据

一个出版人的情与思 / 陈有和 著 . — 北京：东方出版社，2024.2
ISBN 978-7-5207-3684-8

Ⅰ . ①一⋯ Ⅱ . ①陈⋯ Ⅲ . ①人民出版社－史料 Ⅳ . ① G239.22

中国国家版本馆 CIP 数据核字（2023）第 182691 号

一个出版人的情与思
（YIGE CHUBANREN DE QINGYUSI）

作　　者：	陈有和
责任编辑：	王丽娜
出　　版：	东方出版社
发　　行：	人民东方出版传媒有限公司
地　　址：	北京市东城区朝阳门内大街 166 号
邮　　编：	100010
印　　刷：	番茄云印刷 (沧州) 有限公司
版　　次：	2024 年 2 月第 1 版
印　　次：	2024 年 2 月第 1 次印刷
开　　本：	787 毫米 × 1092 毫米　1/32
印　　张：	8
字　　数：	150 千字
书　　号：	ISBN 978-7-5207-3684-8
定　　价：	46.00 元
发行电话：	（010）85924663　85924644　85924641

版权所有，违者必究
如有印装质量问题，我社负责调换，请拨打电话: (010) 85924602　85924603